JN451624

고려대 한국어

고려대학교 한국어센터 편

2A

中文版

KU PRESS
고려대학교출판문화원

책을 내며

고려대학교 한국어센터는 1986년 설립된 이래 한국어와 한국 문화를 재미있게 배우고 효과적으로 가르치는 방법을 연구해 왔습니다. 《고려대 한국어》와 《고려대 재미있는 한국어》는 한국어센터에서 내놓는 세 번째 교재로 그동안 쌓아 온 연구 및 교수 학습의 성과를 바탕으로 하고 있습니다.

이 책의 가장 큰 특징은 한국어를 처음 접하는 학습자도 쉽게 배워서 바로 사용할 수 있도록 구성했다는 점입니다. 한국어 환경에서 자주 쓰이는 항목을 최우선하여 선정하고 이 항목을 학습자가 교실 밖에서 사용할 수 있도록 연습 기회를 충분히 그리고 다양하게 제공하고 있습니다.

이 책을 내기까지 많은 분들의 도움을 받았습니다. 먼저 지금까지 고려대학교 한국어센터에서 한국어를 공부한 학습자들께 감사드립니다. 쉽고 재미있는 한국어 교수 학습에 대한 학습자들의 다양한 요구가 없었다면 이 책은 나오지 못했을 것입니다. 그리고 한국어 학습자들의 요구에 부응하기 위해 열정적으로 교육과 연구에 헌신하고 계신 고려대학교 한국어센터의 선생님들께도 감사드립니다.

무엇보다 한국어 학습자와 한국어 교원의 요구 그리고 한국어 교수 학습 환경을 종합적으로 고려한 최상의 한국어 교재를 위해 밤낮으로 고민하고 집필에 매진하신 고려대학교 국어국문학과 김정숙 교수님을 비롯한 저자분들께 깊은 감사를 드립니다. 이 밖에도 이 책이 보다 멋진 모습을 갖출 수 있도록 도와주신 고려대학교 출판문화원의 윤인진 원장님과 직원 여러분께도 감사드립니다. 그리고 집필진과 출판문화원의 요구를 수용하여 이 교재에 맵시를 입히고 멋을 더해 주신 랭기지플러스의 편집 및 디자인 전문가, 삽화가의 노고에도 깊은 경의를 표합니다

부디 이 책이 쉽고 재미있게 한국어를 배우고자 하는 한국어 학습자와 효과적으로 한국어를 가르치고자 하는 한국어 교원 모두에게 도움이 되기를 바랍니다. 또한 앞으로 한국어 교육의 내용과 방향을 선도하는 역할도 아울러 할 수 있게 되기를 희망합니다.

2019년 7월

국제어학원장 박성철

이 책의 특징

《고려대 한국어》와 《고려대 재미있는 한국어》는 '형태를 고려한 과제 중심 접근 방법'에 따라 개발된 교재입니다. 《고려대 한국어》는 언어 항목, 언어 기능, 문화 등이 통합된 교재이고, 《고려대 재미있는 한국어》는 말하기, 듣기, 읽기, 쓰기로 분리된 기능 교재입니다.

《고려대 한국어》 2A와 2B가 100시간 분량, 《고려대 재미있는 한국어》 말하기, 듣기, 읽기, 쓰기가 100시간 분량의 교육 내용을 담고 있습니다. 200시간의 정규 교육 과정에서는 여섯 권의 책을 모두 사용하고, 100시간 정도의 단기 교육 과정이나 해외 대학 등의 한국어 강의에서는 강의의 목적이나 학습자의 요구에 맞는 교재를 선택하여 사용할 수 있습니다.

《고려대 한국어》의 특징

▶ **한국어를 처음 배우는 학습자도 쉽게 배울 수 있습니다.**

- 한국어 표준 교육 과정에 맞춰 성취 수준을 낮췄습니다. 핵심 표현을 정확하고 유창하게 사용하는 것이 목표입니다.
- 제시되는 언어 표현을 통제하여 과도한 입력의 부담 없이 주제와 의사소통 기능에 충실할 수 있습니다.
- 알기 쉽게 제시하고 충분히 연습하는 단계를 마련하여 학습한 내용의 이해에 그치지 않고 바로 사용할 수 있습니다.

▶ **학습자의 동기를 이끄는 즐겁고 재미있는 교재입니다.**

- 한국어 학습자가 가장 많이 접하고 흥미로워하는 주제와 의사소통 기능을 다룹니다.
- 한국어 학습자의 특성과 요구를 반영하여 명확한 제시와 다양한 연습 방법을 마련했습니다.
- 한국인의 언어생활, 언어 사용 환경의 변화를 발 빠르게 반영했습니다.
- 친근하고 생동감 있는 삽화와 입체적이고 감각적인 디자인으로 학습의 재미를 더합니다.

▶ **한국어 학습에 최적화된 교수 학습 과정을 구현합니다.**

- 학습자가 자주 접하는 의사소통 과제를 선정했습니다. 과제 수행에 필요한 언어 항목을 학습한 후 과제 활동을 하도록 구성했습니다.
- 언어 항목으로 어휘, 문법과 함께 담화 표현을 새로 추가했습니다. 담화 표현은 고정적이고 정형화된 의사소통 표현을 말합니다. 덩어리로 제시하여 바로 사용하게 했습니다.
- 도입 – 제시 · 설명 – 형태적 연습 활동 – 유의적 연습 활동의 단계로 절차화했습니다.
- 획일적이고 일관된 방식을 탈피하여 언어 항목의 중요도와 난이도에 맞춰 제시하는 절차와 분량에 차이를 두었습니다.
- 발음과 문화 항목은 특정 단원의 의사소통 과제와 긴밀하게 연결되지는 않으나 해당 등급에서 반드시 다루어야 할 항목을 선정하여 단원 후반부에 배치했습니다.

《고려대 한국어》의 구성

▶ **2A와 2B는 각각 5단원으로 한 단원은 10시간 정도가 소요됩니다.**

▶ **한 단원의 구성은 아래와 같습니다.**

▶ **교재의 앞부분에는 '이 책의 특징'과 '단원 구성 표'를 배치했고, 교재의 뒷부분에는 '정답'과 '듣기 지문', '어휘 찾아보기', '문법 찾아보기'를 부록으로 넣었습니다.**

- 부록의 어휘는 단원별 어휘 모음과 모든 어휘를 가나다순으로 정렬한 두 가지 방식으로 제시했습니다.
- 부록의 문법은 문법의 의미와 화용적 특징, 형태 정보를 정리했고 문법의 쓰임을 확인할 수 있는 전형적인 예문을 넣었습니다. 학습자의 모어 번역도 들어가 있습니다.

▶ **모든 듣기는 MP3 파일 형태로 내려받아 들을 수 있습니다.**

《고려대 한국어 2A》의 목표

일상생활에서 자주 접하는 주제인 여가 활동, 건강, 좋아하는 것 등에 대해 이해하고 표현할 수 있습니다. 자기소개하기, 길 묻기 등의 기본적인 의사소통 기능을 수행할 수 있습니다.

本书的特点

《高丽大学韩国语》和《高丽大学有趣的韩国语》是遵循“任务聚焦并考虑形式的方法”而开发的教材。《高丽大学韩国语》是涵盖了语言项目、语言技能和文化的综合教材，《高丽大学有趣的韩国语》是听、说、读、写相区分的技能教材。

《高丽大学韩国语》2A和2B包含100小时的教育内容，《高丽大学有趣的韩国语》包含听、说、读、写在内的100小时教育内容。在200小时的常规课程体系中六本书全部使用，在100小时左右的短期教育课程或海外大学的韩国语课程中，可选择符合授课目的或学习者要求的教材使用。

《高丽大学韩国语》的特征

▶ **初学韩国语的学习者也可轻松学习。**

- 配合韩国语常规课程体系，降低了难度水平。以准确、流畅地使用核心表达方式为目标。
- 通过控制所呈现的语言表达方式， 减少过度灌输的负担，从而集中于主题和沟通技巧。
- 以清晰易懂的方式呈现，并通过充分的练习，避免学生只停留在理解阶段，使他们可以快速地学以致用。

▶ **实现韩语学习最佳教学成果的课程。**

- 涉及韩语学习者最熟悉和最感兴趣的主题及交际技巧。
- 反映韩语学习者的特点与需求，在教材中做出明确的介绍，并呈现多样的练习方法。
- 及时反映了韩国人的语言生活和韩语语言环境的变化。
- 贴切生动的插画和富有立体感，品味出众的设计，增添了学习的乐趣。

- **实现韩语学习最佳教学成果的课程。**
  - 教材选用了学习者经常遇到的交际任务。在学习完执行任务所需的语言项目后，即可进行该任务活动。
  - 语言项目中除了词汇、语法，还加入了语篇表达。语篇表达指的是一种固定的、定型化的沟通表达方式。通常以整体形式出现，可以直接套用。
  - 按“引入-呈现・说明-形式的练习活动-有意义的练习活动”的步骤实现程序化。
  - 避免了统一化和千篇一律的方式，按照语言项目的重要度和难易度，在呈现的步骤和分量上做出了调整。
  - 发音与文化项目没有与特定单元的交际任务紧密关联，但选定了在该等级必须学习的项目，安排在每个单元的后半部分。

《高丽大学韩国语2》的构成

- **2A和2B各5个单元，每个单元需学习10小时左右。**

- **每个单元的构成如下。**

- **教材的前面加入“本书的特征”、“教学大纲”等内容，教材的后面则以附录形式收录了“标准答案”、“听力原文”、“词汇索引”、“语法索引”。**
  - 附录中的词汇分别以单元词汇汇总和将所有词汇按照字母顺序排列两种方式呈现。
  - 附录中的语法分别对语法的含义、语用特征和形态信息进行了整理，列举出确认该语法使用方法的典型例句。同时，还添加了学习者的母语翻译。

- **所有听力内容均可以MP3文件格式下载，供学习者进行听力练习。**

《高丽大学韩国语2A》的目标

能够理解并正确表达休闲活动、健康、喜欢的东西等日常生活中经常接触的主题。可以成功完成自我介绍、问路等基本的交际功能。

이 책의 특징 本书的特点

등장인물이 나오는 장면을 보면서 단원의 주제, 의사소통 기능 등을 확인합니다.
看出场人物出现的图片，确认本单元主题，语言交际技能，对话情境及参与者等内容。

어휘의 도입 引入词汇
- 목표 어휘가 사용되는 의사소통 상황입니다.
  使用目标词汇的语言交际情境。

어휘의 제시 词汇的呈现
- 어휘 목록입니다. 맥락 속에서 어휘를 배웁니다.
  词汇目录。在上下文中学习词汇。
- 그림, 어휘 사용 예문을 보며 어휘의 의미와 쓰임을 확인합니다.
  通过查看图表，图表和使用词汇的例句，确认词汇的含义和用法。

랭기지 팁 语言小贴士
- 알아 두면 유용한 표현입니다.
  学会实用的表达方式。

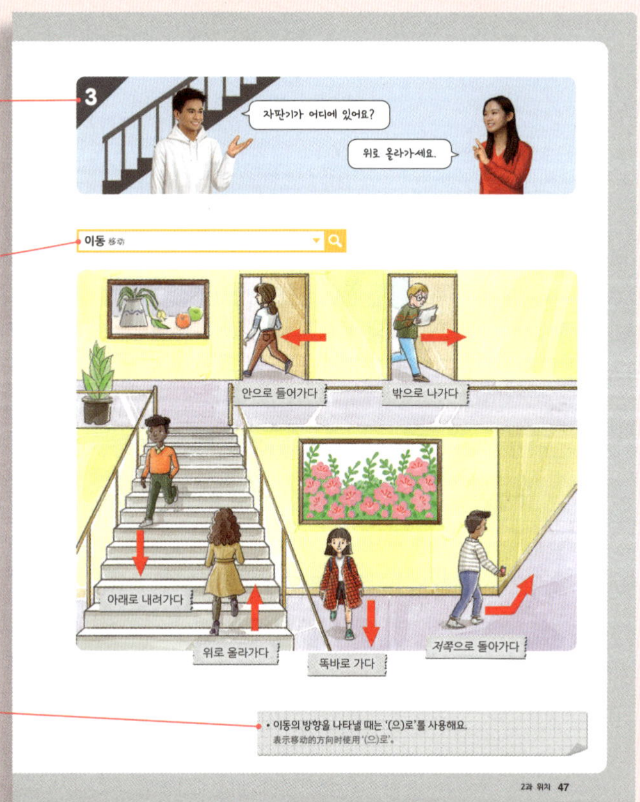

단원의 제목 单元的题目

생각해 봐요 想一想

- 등장인물이 나누는 간단한 대화를 듣고 단원의 주제와 의사소통 목표를 생각해 봅니다.
  听出场人物之间进行的简单对话，想一想本单元的交际目标。

학습 목표 学习目标

- 단원을 학습한 후에 수행할 수 있는 의사소통 목표입니다.
  结束本单元学习后能够独自完成的交际目标。

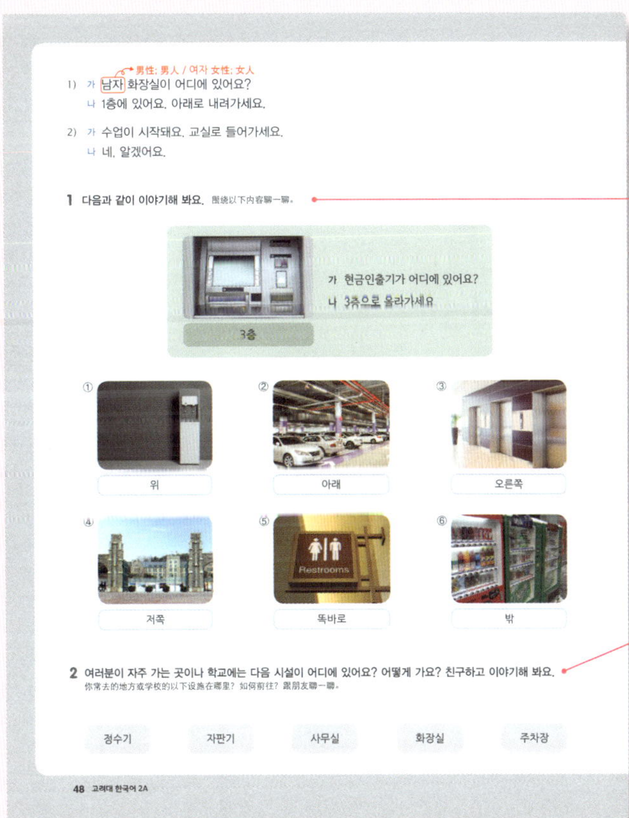

어휘의 연습 1 词汇练习 1

- 배운 어휘를 사용해 볼 수 있는 말하기 연습입니다.
  运用所学词汇进行的口语练习。
- 연습의 방식은 그림, 사진, 문장 등으로 다양합니다.
  练习方式有图片、照片和句子等多种形式。

어휘의 연습 2 词汇练习 2

- 유의미한 의사소통 상황에서 배운 어휘를 사용하는 말하기 연습입니다.
  在有意义的语言交际情境中使用所学词汇进行口语练习。

이 책의 특징 本书的特点

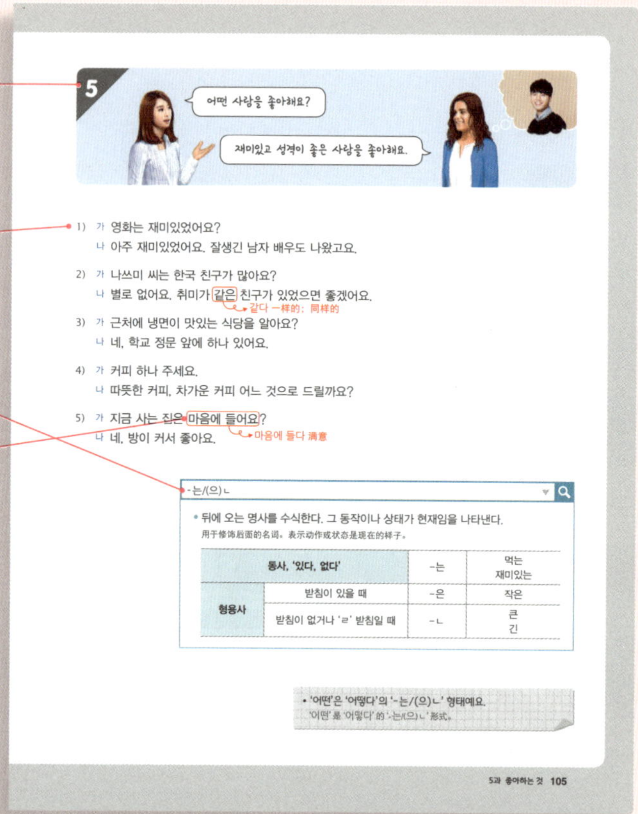
5
어떤 사람을 좋아해요?
재미있고 성격이 좋은 사람을 좋아해요.

1) 가 영화는 재미있었어요?
나 아주 재미있었어요. 잘생긴 남자 배우도 나왔고요.

2) 가 나쓰미 씨는 한국 친구가 많아요?
나 별로 없어요. 취미가 같은 친구가 있었으면 좋겠어요.
같다 一样的；同样的

3) 가 근처에 냉면이 맛있는 식당을 알아요?
나 네, 학교 정문 앞에 하나 있어요.

4) 가 커피 하나 주세요.
나 따뜻한 커피, 차가운 커피 어느 것으로 드릴까요?

5) 가 지금 사는 집은 마음에 들어요?
나 네, 방이 커서 좋아요.
마음에 들다 满意

-는/(으)ㄴ

• 뒤에 오는 명사를 수식한다. 그 동작이나 상태가 현재임을 나타낸다.
用于修饰后面的名词。表示动作或状态是现在的样子。

동사, '있다, 없다'		-는	먹는 재미있는
형용사	받침이 있을 때	-은	작은
	받침이 없거나 'ㄹ' 받침일 때	-ㄴ	큰 긴

• '어떤'은 '어떻다'의 '-는/(으)ㄴ' 형태예요.
'어떤' 是 '어떻다' 的 '-는/(으)ㄴ' 形式。

5과 좋아하는 것 105

문법의 도입 引入语法

• 목표 문법이 사용되는 의사소통 상황입니다.
使用目标语法的语言交际情境。

문법의 제시 语法的呈现

• 목표 문법의 의미와 쓰임을 여러 예문을 통해 확인합니다.
通过多个例句确认目标语法的含义和用法。

• 목표 문법을 사용하기 위해 알아야 하는 기본 정보입니다.
为使用目标语法而需要知道的基本信息。

새 단어 新单词

• 어휘장으로 묶이지 않은 개별 단어입니다.
没有纳入到词汇表中的个别单词。

• 문맥을 통해 새 단어의 의미를 확인합니다.
通过上下文确认新单词的含义。

3
이 치마 입어 봐도 돼요?
네, 입어 보세요.
이 구두 신어 봐도 돼요?
네, 신어 보세요.
이 모자 써 봐도 돼요?
네, 써 보세요.

1 사진을 보고 친구하고 이야기해 봐요.
看着照片跟朋友聊一聊。

① ② ③ ④ ⑤ ⑥

8과 옷 사기 155

담화 표현의 제시 篇章表达展示

• 고정적이고 정형화된 의사소통 표현입니다.
句群表达是一种固定的、定型化的沟通表达方式。

담화 표현 연습 篇章表达练习

• 담화 표현을 덩어리째 익혀 대화하는 말하기 연습입니다.
以句群的形式熟悉篇章表达方式，并进行对话的口语练习。

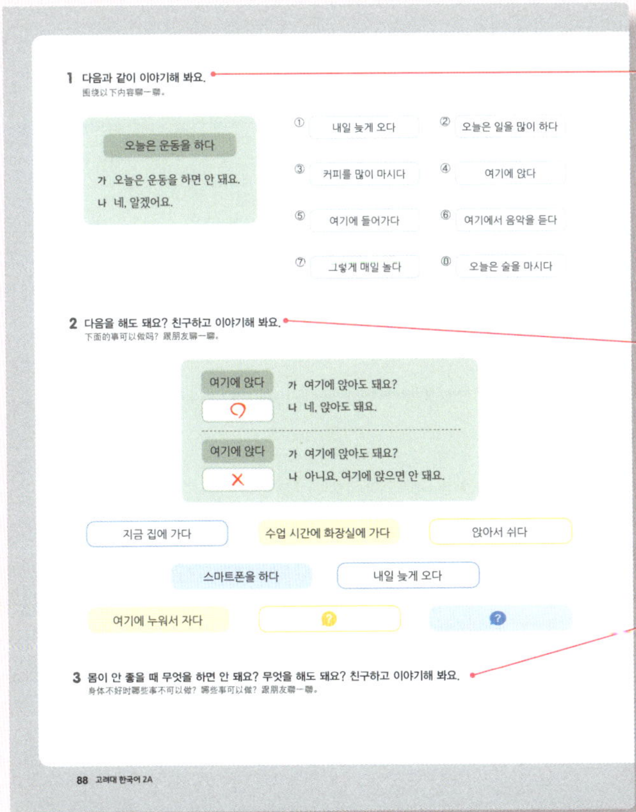

1 다음과 같이 이야기해 봐요.
照例以下内容聊一聊。

오늘은 운동을 하다

가 오늘은 운동을 하면 안 돼요.
나 네, 알겠어요.

① 내일 늦게 오다 ② 오늘은 일을 많이 하다
③ 커피를 많이 마시다 ④ 여기에 앉다
⑤ 여기에 들어가다 ⑥ 여기에서 음악을 듣다
⑦ 그렇게 매일 놀다 ⑧ 오늘은 술을 마시다

2 다음을 해도 돼요? 친구하고 이야기해 봐요.
下面的事可以做吗？跟朋友聊一聊。

여기에 앉다 ○
가 여기에 앉아도 돼요?
나 네, 앉아도 돼요.

여기에 앉다 ×
가 여기에 앉아도 돼요?
나 아니요, 여기에 앉으면 안 돼요.

지금 집에 가다 / 수업 시간에 화장실에 가다 / 앉아서 쉬다 / 스마트폰을 하다 / 내일 늦게 오다 / 여기에 누워서 자다 / ? / ?

3 몸이 안 좋을 때 무엇을 하면 안 돼요? 무엇을 해도 돼요? 친구하고 이야기해 봐요.

88 고려대 한국어 2A

문법의 연습 1 语法练习 1

- 배운 문법을 사용해 볼 수 있는 말하기 연습입니다.
  运用所学语法进行的口语练习。
- 연습의 방식은 그림, 사진, 문장 등으로 다양합니다.
  练习方式有图片、照片和句子等多种形式。

문법의 연습 2 语法练习 2

- 문법의 중요도와 난이도에 따라 연습 활동의 수와 분량에 차이가 있습니다.
  根据语法的重要程度和难易度的不同，练习活动的数量和分量会有所差异。

문법의 연습 3 语法练习 3

- 유의미한 의사소통 상황에서 배운 문법을 사용하는 말하기 연습입니다.
  在有意义的交际情况中针对学过的语法进行的会话练习。

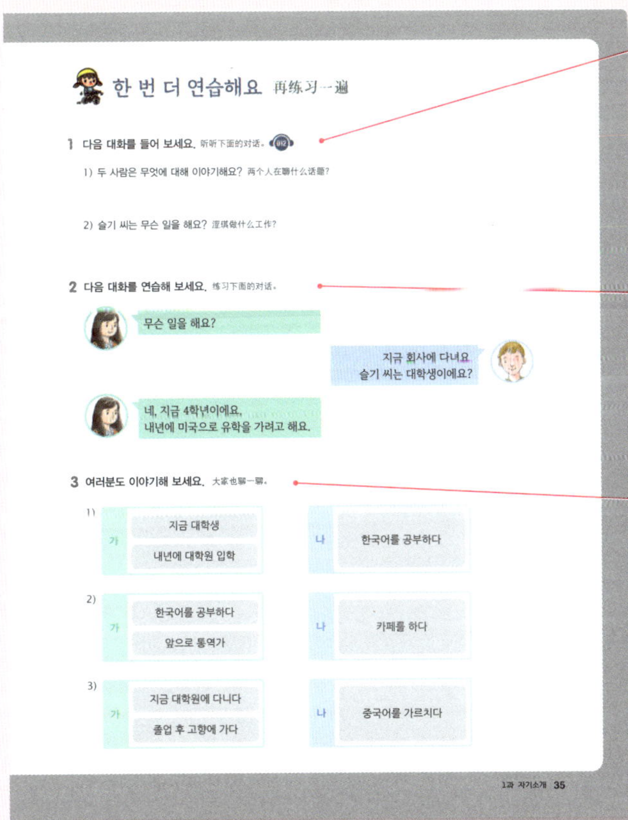

한 번 더 연습해요 再练习一遍

1 다음 대화를 들어 보세요. 听听下面的对话。
1) 두 사람은 무엇에 대해 이야기해요?
2) 슬기 씨는 무슨 일을 해요?

2 다음 대화를 연습해 보세요. 练习下面的对话。

무슨 일을 해요?
지금 회사에 다녀요. 슬기 씨는 대학생이에요?
네, 지금 4학년이에요. 내년에 미국으로 유학을 가려고 해요.

3 여러분도 이야기해 보세요. 大家也聊一聊。

1) 가 지금 대학생 / 내년에 대학원 입학 — 나 한국어를 공부하다
2) 가 한국어를 공부하다 / 앞으로 통역가 — 나 카페를 하다
3) 가 지금 대학원에 다니다 / 졸업 후 고향에 가다 — 나 중국어를 가르치다

1과 자기소개 35

대화 듣기 听对话

- 의사소통 목표가 되는 자연스럽고 유의미한 대화를 듣고 대화의 목적, 대화의 내용을 파악합니다.
  倾听成为语言交际目标的自然而有意义的对话，掌握对话的目的和内容。

대화 연습 练习对话

- 대화 연습을 통해 대화의 구성 방식을 익힙니다.
  通过对话练习，熟悉对话的构成方式。

대화 구성 연습 组织对话练习

- 학습자 스스로 대화를 구성하여 말해 보는 연습입니다.
  学习者自己组织对话内容而进行的练习。
- 어휘만 교체하는 단순 반복 연습이 되지 않도록 구성했습니다.
  结构上避免了变成简单替换词汇的重复练习。

이 책의 특징 本书的特点

듣기 활동 听力活动

- 단원의 주제와 기능이 구현된 의사소통 듣기 활동입니다.
  体现单元主题和技能的语言交际听力活动。
- 중심 내용 파악과 세부 내용 파악 등 목적에 따라 두세 번 반복하여 듣습니다.
  根据掌握整体内容和掌握具体内容等目的的不同，反复听两三次。

읽기 활동 阅读活动

- 단원의 주제와 기능이 구현된 의사소통 읽기 활동입니다.
  体现单元主题和技能的语言交际阅读活动。
- 중심 내용 파악과 세부 내용 파악 등 목적에 따라 두세 번 반복하여 읽습니다.
  根据掌握整体内容和掌握具体内容等目的的不同，反复读两三次。

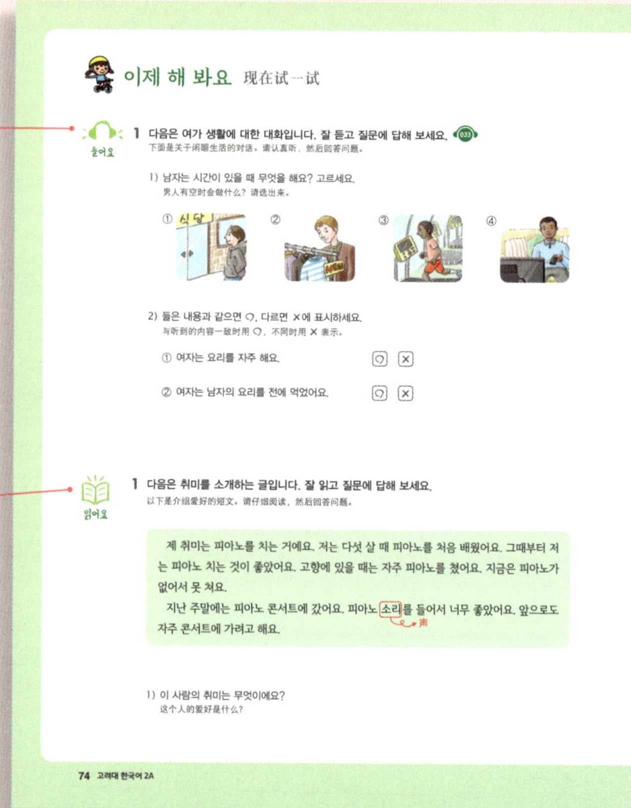
이제 해 봐요 现在试一试

들어요

1 다음은 여가 생활에 대한 대화입니다. 잘 듣고 질문에 답해 보세요. 033
下面是关于闲暇生活的对话。请认真听，然后回答问题。

1) 남자는 시간이 있을 때 무엇을 해요? 고르세요.
男人有空时会做什么？请选出来。

① ② ③ ④

2) 들은 내용과 같으면 ○, 다르면 ×에 표시하세요.
与听到的内容一致时用 ○，不同时用 × 表示。

① 여자는 요리를 자주 해요. ○ ×

② 여자는 남자의 요리를 전에 먹었어요. ○ ×

읽어요

1 다음은 취미를 소개하는 글입니다. 잘 읽고 질문에 답해 보세요.
以下是介绍爱好的短文。请仔细阅读，然后回答问题。

제 취미는 피아노를 치는 거예요. 저는 다섯 살 때 피아노를 처음 배웠어요. 그때부터 저는 피아노 치는 것이 좋았어요. 고향에 있을 때는 자주 피아노를 쳤어요. 지금은 피아노가 없어서 못 쳐요.
지난 주말에는 피아노 콘서트에 갔어요. 피아노 소리를 들어서 너무 좋았어요. 앞으로도 자주 콘서트에 가려고 해요.

소리 → 声

1) 이 사람의 취미는 무엇이에요?
这个人的爱好是什么？

74 고려대 한국어 2A

쓰기 활동 写作活动

- 단원의 주제와 기능이 구현된 의사소통 쓰기 활동입니다.
  体现单元主题和技能的语言交际写作活动。
- 쓰기 전에 써야 할 내용이나 방식에 대해 생각해 본 후 쓰기를 합니다.
  写作之前，先想一想要写的内容或方式，然后再写。

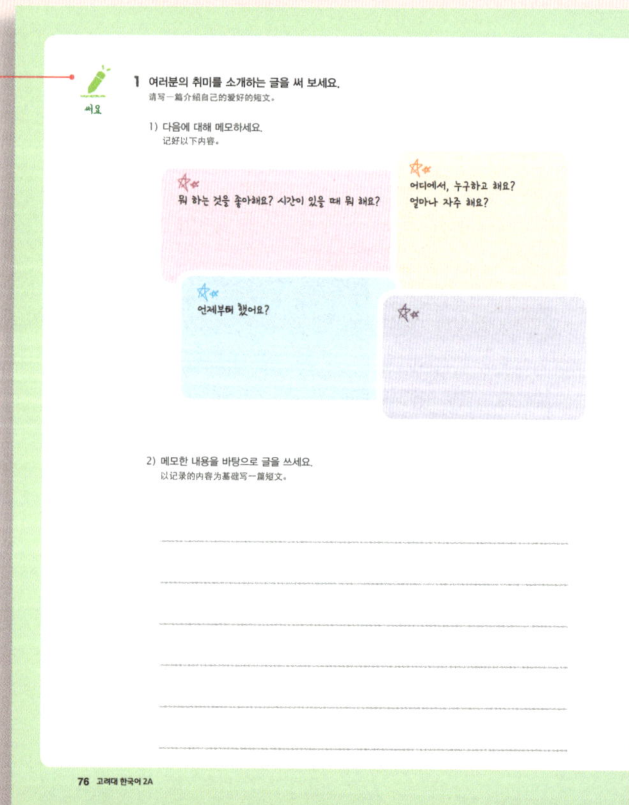
써요

1 여러분의 취미를 소개하는 글을 써 보세요.
请写一篇介绍自己的爱好的短文。

1) 다음에 대해 메모하세요.
记好以下内容。

뭐 하는 것을 좋아해요? 시간이 있을 때 뭐 해요?

어디에서, 누구하고 해요?
얼마나 자주 해요?

언제부터 했어요?

2) 메모한 내용을 바탕으로 글을 쓰세요.
以记录的内容为基础写一篇短文。

76 고려대 한국어 2A

2) 읽은 내용과 같으면 ○, 다르면 ×에 표시하세요.
与阅读的内容一致时用 ○，不同时用 × 表示。

① 지금 이 사람의 집에는 피아노가 없어요. ○ ×

② 이 사람은 지난 주말에 콘서트에서 피아노를 쳤어요. ○ ×

말해 보

1 취미에 대해 친구들하고 이야기해 보세요.
围绕爱好跟朋友聊一聊。

1) 여러분의 취미는 뭐예요? 메모하세요.
你的爱好是什么？请记下来。

2) 친구의 취미에 대해 물어볼 거예요. 무엇을 질문할 거예요? 생각해 보세요.
询问一下朋友的爱好。想一想你会问哪些问题。

3) 친구하고 취미에 대해 이야기하세요.
跟朋友聊一聊爱好。

3과 여가 생활 75

말하기 활동 口语活动

- 단원의 주제와 기능이 구현된 의사소통 말하기 활동입니다.
  体现单元主题和技能的语言交际口语活动。
- 말하기 전에 말할 내용이나 방식에 대해 생각해 본 후 말하기를 합니다.
  口语练习之前，先想一想要说的内容或方式，然后再说。

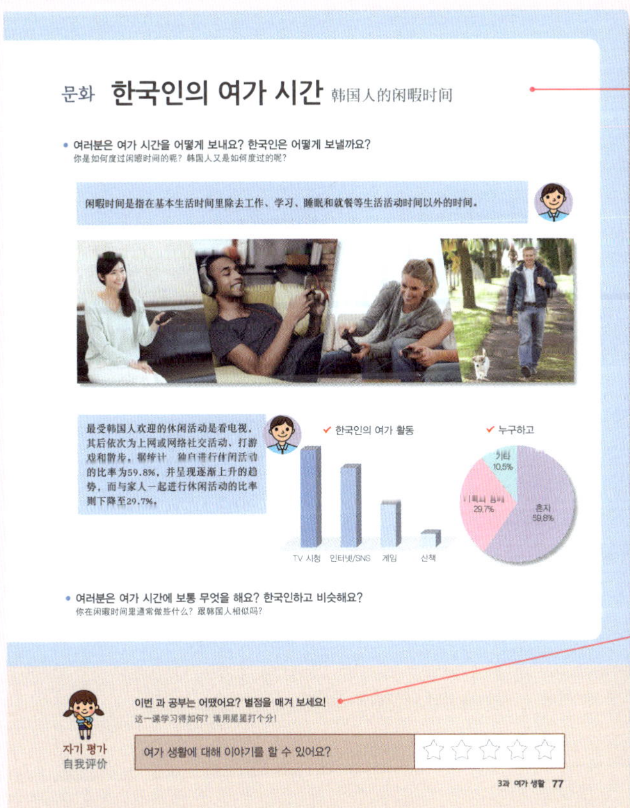

문화 **한국인의 여가 시간** 韩国人的闲暇时间

• 여러분은 여가 시간을 어떻게 보내요? 한국인은 어떻게 보낼까요?
你是如何度过闲暇时间的呢？韩国人又是如何度过的呢？

闲暇时间是指在基本生活时间里除去工作、学习、睡眠和就餐等生活活动时间以外的时间。

最受韩国人欢迎的休闲活动是看电视，其后依次为上网或网络社交活动、打游戏和散步。据统计，独自进行休闲活动的比率为59.8%，并呈现逐渐上升的趋势，而与家人一起进行休闲活动的比率则下降至29.7%。

• 여러분은 여가 시간에 보통 무엇을 해요? 한국인하고 비슷해요?
你在闲暇时间里通常做些什么？跟韩国人相似吗？

자기 평가 自我评价

이번 과 공부는 어땠어요? 별점을 매겨 보세요!
这一课学习得如何？请用星星打个分！

여가 생활에 대해 이야기를 할 수 있어요?	☆☆☆☆☆

3과 여가 생활 77

발음 활동/문화 활동 发音活动/文化活动

- 초급에서 필수적으로 알아야 할 발음/문화 항목을 소개합니다. 간단한 설명 후 실제 활동을 해 봅니다.
  介绍初级阶段必须知道的发音/文化项目。简单说明后进行实际活动。
- 단원마다 발음 또는 문화 항목이 제시됩니다.
  每个单元都会选择性地呈现发音或文化项目。

자기 평가 自我评价

- 단원 앞부분에 제시되었던 학습 목표 달성 여부를 학습자 스스로 점검합니다.
  学习者自我检验是否完成了单元前面列出的学习目标。

단원 구성 표

단원	단원 제목	학습 목표	의사소통 활동
1과	자기소개	자기소개를 할 수 있다.	• 자기소개 대화 듣기 • 자기소개 글 읽기 • 자기소개 하기 • 자기소개 글 쓰기
2과	위치	시설의 위치를 묻고 답할 수 있다.	• 위치를 묻는 대화 듣기 • 장소를 소개하는 글 읽기 • 자주 가는 곳에 대한 글 쓰기 • 위치를 묻고 답하기
3과	여가 생활	여가 생활에 대해 이야기할 수 있다.	• 여가 생활에 대한 대화 듣기 • 취미에 대한 글 읽기 • 취미에 대해 묻고 답하기 • 취미를 소개하는 글 쓰기
4과	건강	건강 상태에 대해 묻고 답할 수 있다.	• 건강에 대한 대화 듣기 • 건강에 대해 묻고 답하기 • 건강에 대한 글 읽기 • 건강에 대한 상담 글 쓰기
5과	좋아하는 것	좋아하는 것에 대해 묻고 답할 수 있다.	• 좋아하는 것에 대한 대화 듣기 • 좋아하는 장소에 대한 글 읽기 • 좋아하는 것을 묻고 답하기 • 좋아하는 것에 대한 글 쓰기

	어휘 · 문법 · 담화 표현			발음 / 문화
	• 직업 • 신상	• -고 있다 • -(으)ㄴ 후에 • -(으)려고 하다	• 이름 말하기	격음화
	• 위치 • 시설 • 이동	• 에 있다 • -아서/어서/여서 • -(으)면 되다 • -(으)ㄹ래요? • (으)로 1 • 만		지하철을 타 봅시다!
	• 여가 활동 • 빈도	• -(으)러 가다 • -(으)ㄹ 때 • -는 것		한국인의 여가 시간
	• 몸 • 건강	• -(으)면 • -아도/어도/여도 되다 • -(으)면 안 되다		아플 때는 여기로!
	• 특징 1 • 특징 2	• -지만 • -(으)면 좋겠다 • -는/(으)ㄴ • -지요?		소리 내어 읽기 1

单元构成表

单元	单元名	学习目标	语言交际活动
第一课	**自我介绍**	能用韩语做自我介绍。	• 听自我介绍的对话 • 读自我介绍的短文 • 做自我介绍 • 写自我介绍
第二课	**位置**	能询问设施的位置并回答。	• 听询问位置的对话 • 读介绍场所的短文 • 写关于常去的地方的作文 • 对位置进行问答
第三课	**闲暇生活**	能对闲暇生活展开谈论。	• 听听关于闲暇生活的对话 • 读关于兴趣爱好的短文 • 对兴趣爱好进行问答 • 写介绍兴趣爱好的作文
第四课	**健康**	能对健康状况进行提问和回答。	• 听关于健康的对话 • 对健康进行问答 • 读关于健康的短文 • 写关于健康咨询的作文
第五课	**喜欢的事物**	能对喜欢的事物进行提问和回答。	• 听关于喜欢的事物的对话 • 读关于喜欢的场所的短文 • 对喜欢的事物进行问答 • 写关于喜欢的事物的作文

	词汇 · 语法 · 语篇表达			发音 / 文化
	• 职业 • 个人情况	• -고 있다 • -(으)ㄴ 후에 • -(으)려고 하다	• 介绍名字	激音化
	• 设施 • 移动	• 에 있다 • -아서/어서/여서 • -(으)면 되다 • -(으)ㄹ래요? • (으)로 1 • 만		乘一次地铁吧！
	• 休闲活动 • 频率	• -(으)러 가다 • -(으)ㄹ 때 • -는 것		韩国人的闲暇时间
	• 身体 • 健康状况	• -(으)면 • -아도/어도/여도 되다 • -(으)면 안 되다		生病时就来这里！
	• 特征 1 • 特征 2	• -지만 • -(으)면 좋겠다 • -는/(으)ㄴ • -지요?		出声朗读 1

차례 目录

부록

등장인물 登场人物

왕웨이

나라 중국
나이 19세
직업 학생
(고려대학교 한국어센터)
취미 피아노

응우옌 티 두엔

나라 베트남
나이 19세
직업 학생
(고려대학교 한국어센터)
취미 드라마

무함마드 알 감디

나라 이집트
나이 32세
직업 요리사/학생
취미 태권도

김지아

나라 한국
나이 22세
직업 학생
(고려대학교 경제학과)
취미 영화

미아 왓슨

나라 영국
나이 21세
직업 학생
(고려대학교 교환 학생)
취미 노래(K-POP)

카밀라 멘데즈

나라 칠레
나이 23세
직업 학생
(고려대학교 한국어센터)
취미 SNS

다니엘 클라인

나라 독일
나이 29세
직업 회사원/학생
취미 여행

모리야마 나쓰미

나라 일본
나이 35세
직업 학생/약사
취미 그림

서하준

나라 한국
나이 22세
직업 학생
(고려대학교 국어국문학과)
취미 농구

정세진

나라 한국
나이 33세
직업 한국어 선생님
취미 요가

강용재

나라 한국
나이 31세
직업 회사원
취미 자전거, 스키

1

자기소개

自我介绍

생각해 봐요 想一想 011

1. 두 사람은 지금 무엇을 해요? 여자의 직업은 무엇이에요?
   两个人现在在做什么？女人的职业是什么？
2. 어러분은 한국어로 자기소개를 할 수 있어요?
   你能用韩语做自我介绍吗？

학습 목표 学习目标

자기소개를 할 수 있다.
能用韩语做自我介绍。

- 직업, 신상
- -고 있다, -(으)ㄴ 후에, -(으)려고 하다
- 이름 말하기

배워요 学一学

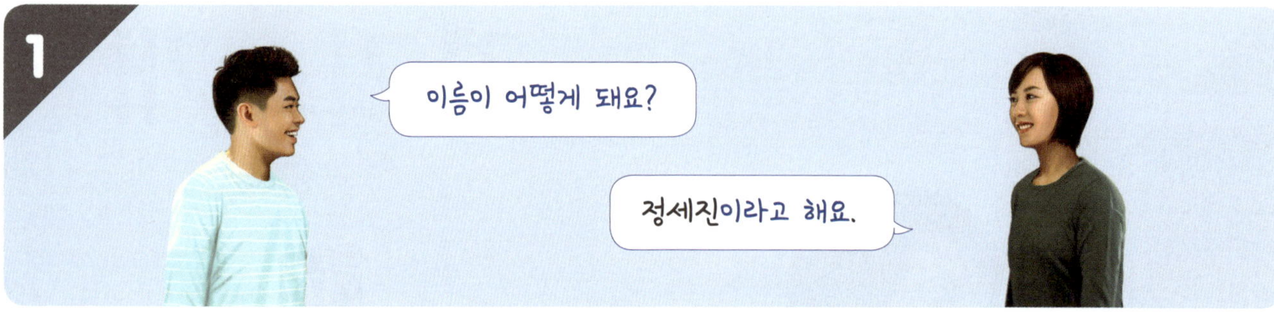

1 여러분도 친구하고 이야기해 봐요.
你也跟朋友聊一聊吧。

직업 职业

작가

화가

번역가

통역가

공무원

관광 가이드

기자

승무원

한국어를 가르치다

韩语
영어 英语
중국어 汉语
일본어 日语
스페인어 西班牙语
외국어 外语

회사에 다니다

옷 가게를 하다

1) 가 무슨 일을 해요?
   나 관광 가이드예요.

2) 가 직업이 뭐예요?
   나 은행에 다녀요.

1 다음과 같이 이야기해 봐요.
围绕以下内容聊一聊。

가 직업이 뭐예요?
나 학생이에요.

가 무슨 일을 해요?
나 학교에 다녀요.

① 

② 

③ 

④ 

⑤ 

⑥ 

⑦ 

⑧ 

2 여러분은 직업이 뭐예요? 친구하고 '무슨 일을 해요?' 질문하고 대답해 봐요.
你的职业是什么？和朋友围绕着 '무슨 일을 해요?' 进行问答吧。

3

1) 가 직업이 뭐예요?

   나 여행사에 다니고 있어요.

   여행사 → 旅行社

2) 가 무슨 일을 해요?

   나 명동에서 카페를 하고 있어요.

3) 가 지금도 한국어를 혼자 공부해요?

   나 아니요, 지금은 한국어 학원에 다니고 있어요.

   학원 → 培训班，补习班

4) 가 어제 왜 전화를 안 받았어요?

   받았어요 → (전화를) 받다 接（电话）

   나 미안해요. 그때 자고 있었어요.

-고 있다

- 어떤 동작이 진행됨을 나타낸다.

  表示某种动作正在进行。

1 **다음과 같이 이야기해 봐요.**

围绕以下内容聊一聊。

> **아르바이트를 하다**
>
> 가 무슨 일을 해요?
>
> 나 아르바이트를 하고 있어요.

① 자동차 회사에 다니다

② 동대문에서 옷 가게를 하다

③ 영어를 가르치다

④ 고려대학교에서 한국어를 배우다

2 다음과 같이 이야기해 봐요.
围绕以下内容聊一聊。

가 지금 뭐 하고 있어요?

나 저녁을 먹고 있어요.

①

②

③

④

⑤

⑥

⑦

⑧

3 여러분은 지금 무엇을 하고 있어요? 어디에서 살고 있어요? 그리고 삼 년 전에 여러분은 무엇을 하고 있었어요? 어디에서 살고 있었어요? 친구하고 이야기해 봐요.
你现在在做什么？在哪里生活？三年前你在做什么？那时在哪里生活？跟朋友聊一聊。

지금 나는	3년 전에 나는

4

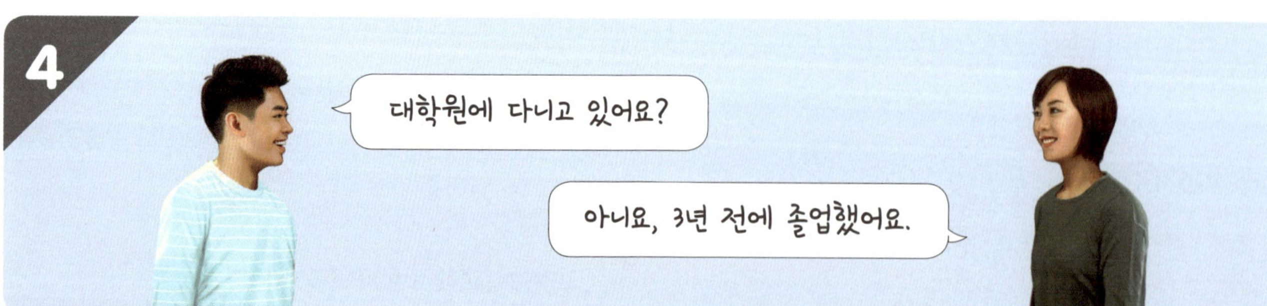

신상 个人情况

고등학교에 입학하다 · 대학교를 졸업하다 · 2급을 수료하다 · 3급에 올라가다

유학 중이다 · 학교를 그만두다 · 취직을 준비하다 · 취직하다 · 퇴직하다

1) 가 회사에 다녀요?
   나 아니요, 지난달에 회사를 그만두고 지금은 쉬고 있어요.

2) 가 몇 학년이에요?
   나 고등학교 1학년이에요.

1 다음과 같이 이야기해 봐요.
围绕以下内容聊一聊。

작년에 졸업했다
가 대학생이에요?
나 아니요, 작년에 졸업했어요.

① 대학원생이다
② 고등학교 3학년이다
③ 올해 고등학교에 입학하다
④ 회사에 다니다
⑤ 여름에 학교를 그만두었다
⑥ 지금 취업을 준비하고 있다

2 여러분은 언제 입학하고 언제 졸업했어요? 지금은 무엇을 해요? 친구하고 이야기해 봐요.
你是何时入学，何时毕业的？现在在做什么？跟朋友聊一聊。

초등학교 고등학교 대학교 취직

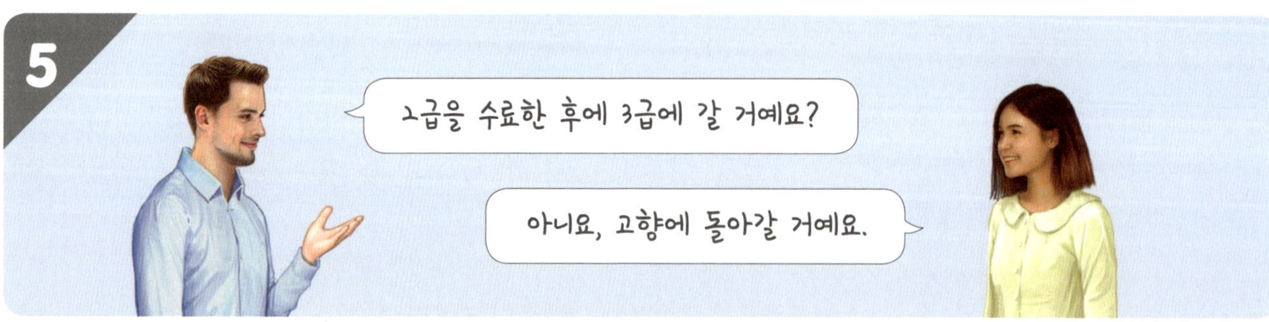

1) 가 어제 저녁에 뭐 했어요?

나 저녁을 먹은 후에 부모님하고 영상 통화를 했어요.

视频通话

2) 가 수업이 끝난 후에 뭐 할 거예요?

나 오늘은 바로 집에 갈 거예요.

即刻

3) 가 언제 한국 유학을 갈 거예요?

나 먼저 한국어를 조금 배운 후에 유학을 갈 거예요.

马上；先，首先

4) 가 대학교를 졸업한 후에 뭐 할 거예요?

나 한국어 번역가가 되고 싶어요.

-(으)ㄴ 후에

• 앞의 일이 끝난 다음에를 나타낸다.

表示前面事情完成之后。

받침이 있을 때	-은 후에	먹은 후에
받침이 없거나 'ㄹ' 받침일 때	-ㄴ 후에	공부한 후에 논 후에

1 **다음과 같이 이야기해 봐요.**

围绕以下内容聊一聊。

취직하다	가 언제 취직할 거예요?
고등학교를 졸업하다	나 고등학교를 졸업한 후에 취직할 거예요.

① 운동하다 / 저녁을 먹다

② 공부하다 / 드라마를 보다

③ 음식을 만들다 / 청소하다

④ 한국에 가다 / 대학교를 졸업하다

⑤ 아르바이트를 하다 / 대학에 입학하다

⑥ 고향에 돌아가다 / 2급을 수료하다

2 다음 이후에 무엇을 할 거예요? 친구하고 이야기해 봐요.
接下来打算做什么？跟朋友聊一聊。

저녁을 먹다　　　　수업이 끝나다

3 다음과 같이 이야기해 봐요.
围绕以下内容聊一聊。

가 무슨 일을 하고 싶어요?

나 저는 한국어 선생님이 되고 싶어요.

저는 승무원이 되고 싶어요.

- 지금은 아니지만 앞으로 되고 싶은 것이 있어요? 그럴 때 '이/가 되고 싶다'를 사용하세요.
  虽然不是现在，大家有没有将来希望从事的事情呢？这时使用'이/가 되고 싶다' 来表达。

①

②

③

④

⑤

⑥

4 여러분은 앞으로 무엇이 되고 싶어요? 친구하고 이야기해 봐요.
你将来想从事何种职业？跟朋友聊一聊。

6

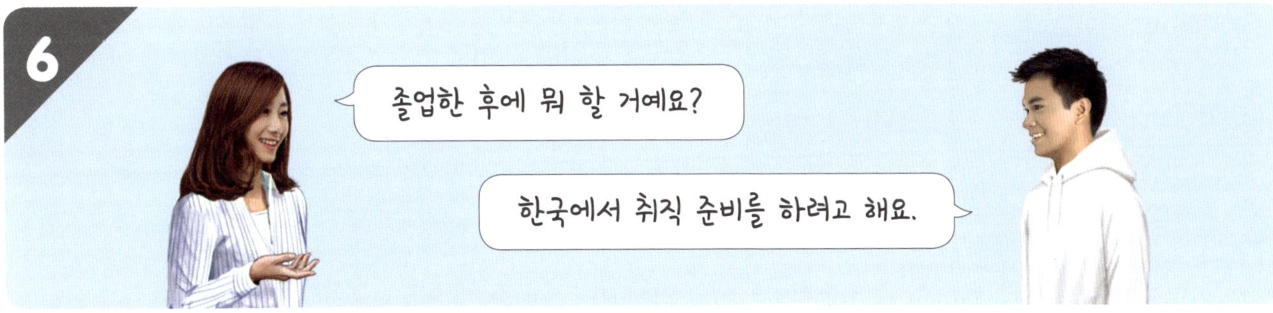

1) 가 한국어 공부를 마치고 고향에 돌아갈 거예요? (마치다 结束)
   나 네, 고향에서 대학원에 입학하려고 해요.

2) 가 처음부터 한국에 오려고 했어요?
   나 아니요, 처음에는 미국에 가려고 했어요.

3) 가 이번 주말에 뭐 할 거예요?
   나 고향 음식이 먹고 싶어서 고향 음식을 만들려고 해요.

4) 가 지금 집은 어때요?
   나 방이 좀 작아요. 그래서 방학에 이사하려고 해요. (이사하다 搬家)

-(으)려고 하다

- 어떤 일을 할 생각이나 계획이 있음을 나타낸다.
  表示有想法或计划做某事。

받침이 있을 때	-으려고 하다	넉으려고 하다
받침이 없거나 'ㄹ' 받침일 때	-려고 하다	자려고 하다 놀려고 하다

1 다음과 같이 이야기해 봐요.
围绕以下内容聊一聊。

영화를 보다

가 이번 주말에 뭐 할 거예요?
나 영화를 보려고 해요.

① 방 청소를 하다
② 고향 친구를 만나다
③ 이 책을 읽다
④ 서울 구경을 하다
⑤ 친구하고 집에서 놀다
⑥ 겨울옷을 사다

2 여러분은 이번 주말에 무엇을 할 거예요? 그리고 방학에는 무엇을 하려고 해요? 친구하고 이야기해 봐요.
这个周末你打算做什么？放假时打算做什么？跟朋友聊一聊。

이번 주말

방학

3 여러분은 계획을 했지만 못 한 일이 있어요? 친구하고 이야기해 봐요.
你有什么曾经计划要做却没做的事吗？跟朋友聊一聊。

한 번 더 연습해요 再练习一遍

1 다음 대화를 들어 보세요. 听听下面的对话。 012

1) 두 사람은 무엇에 대해 이야기해요? 两个人在聊什么话题?

2) 슬기 씨는 무슨 일을 해요? 涩琪做什么工作?

2 다음 대화를 연습해 보세요. 练习下面的对话。

무슨 일을 해요?

지금 회사에 다녀요.
슬기 씨는 대학생이에요?

네, 지금 4학년이에요.
내년에 미국으로 유학을 가려고 해요.

3 여러분도 이야기해 보세요. 大家也聊一聊。

1)

가	지금 대학생 내년에 대학원 입학	나	한국어를 공부하다

2)

가	한국어를 공부하다 앞으로 통역가	나	카페를 하다

3)

가	지금 대학원에 다니다 졸업 후 고향에 가다	나	중국어를 가르치다

이제 해 봐요 现在试一试

듣어요

1 다음은 두 사람이 처음 만나서 하는 대화입니다. 잘 듣고 질문에 답해 보세요. 013

以下是两人初次见面时进行的对话。请认真听，然后回答问题。

1) 리나 씨는 지금 무엇을 해요? 그리고 앞으로 무엇이 되고 싶어 해요?
莉娜现在做什么工作？将来想从事何种职业？

지금 ______________________

앞으로 ______________________

2) 들은 내용과 같은 것을 고르세요.
请选出与所听内容一致的选项。

① 하준 씨는 대학원생이에요.

② 리나 씨는 대학을 졸업했어요.

③ 하준 씨는 한국어 선생님이 되고 싶어 해요.

읽어요

1 다음은 페터 슈미트 씨의 자기소개입니다. 잘 읽고 질문에 답해 보세요.

以下是彼得・斯密特(Peter Schmidt)的自我介绍。请仔细阅读，然后回答问题。

안녕하세요? 저는 페터 슈미트예요. 독일 사람이에요. 지금 한국에서 자동차 회사에 다니고 있어요. 2년 전에 대학교를 졸업하고 작년에 한국에 왔어요. 한국어는 독일 대학에서 배웠어요. 지금 회사 근처(附近)에서 혼자 살고 있어요. 가족도 보고 싶고 독일 음식도 먹고 싶어서 다음 휴가에는 독일에 가려고 해요.

1) 페터 씨는 직업이 무엇이에요?
彼得的职业是什么？

2) 페터 씨는 어디에서 한국어를 배웠어요?
彼得是何时，在哪里学习韩语的?

3) 페터 씨는 휴가 때 무엇을 하려고 해요?
彼得休假时打算做什么?

말해요

1 여러분은 한국어로 자기소개를 할 수 있어요? 자기소개를 해 보세요.
你能用韩语做自我介绍吗? 试着做一下自我介绍。

1) 자기소개를 할 때 무엇을 말할 거예요? 메모하세요.
做自我介绍时打算说些什么? 请记下来。

고등학교 졸업?

자기소개

이름 나라

??

지금 뭐 해요?

2급 수료 후?

??

앞으로 뭐 하고 싶어요?

2) 위의 내용을 어떤 순서로 이야기할 거예요? 생각해 보세요.
将以怎样的顺序介绍上面的内容? 请想一想。

3) 친구들 앞에서 자기소개를 하세요.
在同学们面前做一下自我介绍。

4) 친구들에 대해 많이 알게 되었어요?
是否增进了对同学们的了解?

써요

1 여러분을 소개하는 글을 써 보세요.
写一篇自我介绍。

1) 말하기에서 이야기한 내용에 더 소개하고 싶은 것이 있으면 메모하세요.
除了上面说过的内容，如果还有其他想介绍的内容，请记下来。

2) 메모한 내용을 바탕으로 글을 쓰세요.
以记录的内容为基础写一篇短文。

발음 격음화 激音化

• 밑줄 친 부분의 발음에 주의하면서 다음을 들어 보세요. 014
请在听的时候，着重留意划线部分内容的发音。

1) 가 안녕하세요. 저는 박하나예요.

2) 가 언제 대학에 입학했어요?
나 올해 입학했어요.

"ㄱ·ㄷ·ㅂ·ㅈ"与"ㅎ"相结合时会分别以"ㅋ・ㅌ・ㅍ・ㅊ"的激音来发音。

• 다음을 읽어 보세요.
请读出下列内容。

1) 날씨도 좋고 기분도 좋다.
2) 떡하고 밥하고 라면을 먹었어요.
3) 깨끗하고 하얗게 해 주세요.
4) 백화점에 가려고 6호선을 탔어요.
5) 졸업하면 바로 취직할 거예요.
6) 수업 후에 뭐 할 거예요?

• 들으면서 확인해 보세요. 015
边听一边进行确认。

자기 평가
自我评价

이번 과 공부는 어땠어요? 별점을 매겨 보세요!
这一课学习得如何？请用星星打个分！

자기소개를 할 수 있어요?	☆ ☆ ☆ ☆ ☆

coffee
기업은행 365

2

위치
位置

생각해 봐요 想一想 021

1. 카밀라 씨는 어디에 가려고 해요?
   卡米拉想去哪里?
2. 여러분이 공부하는 곳에는 무엇이 있어요? 어디에 있어요?
   你学习的地方都有些什么? 它们都在哪里?

학습 목표 学习目标

시설의 위치를 묻고 답할 수 있다.
能询问设施的位置并回答。

- 위치, 시설, 이동
- 에 있다, -아서/어서/여서, -(으)면 되다

배워요 学一学

1 다음 그림을 보고 알맞은 단어를 쓰세요.
看下图，并写出相应的单词。

위 아래 앞 뒤 옆 오른쪽 왼쪽 안 밖

1

1) 가 사무실이 어디에 있어요?

나 2층에 있어요.

층 → 层

2) 가 지아 씨는 지금 도서관에 있어요?

나 아니요, 도서관에 없어요. 집에 갔어요.

3) 가 한국어 책이 어디에 있어요?

나 가방 안에 있어요.

> **에 있다**
>
> • 사람이나 물건이 어디에 위치하는지를 나타낸다.
> 表示人或事物所在的位置。

1 다음과 같이 이야기해 봐요.

围绕以下内容聊一聊。

오른쪽

가 화장실이 어디에 있어요?

나 오른쪽에 있어요.

①

저 교실

②

9층

③

교실 안

④

왼쪽

2 어디에 있어요? 친구하고 이야기해 봐요.

在哪里？跟朋友聊一聊。

한국어 책 | 컴퓨터 | 선생님 | ○○ 씨

2

정수기가 어디에 있어요?
저기에 있어요.

시설 设施

정수기
자동판매기(자판기)
ATM
현금인출기(ATM)
1F
엘리베이터
에스컬레이터
계단
정문
주차장

1) 가 자판기가 어디에 있어요?
나 엘리베이터 옆에 있어요.

2) 가 주차장이 어디예요?
나 지하 1층에 있어요.
(지하 → 地下)

3) 가 어디에서 만날래요?
나 정문 앞에서 만나요.

• '-(으)ㄹ래요?'는 어떤 일을 같이 하자고 제안할 때도 사용해요.
'-(으)래요?' 也可以用于表示提议一起做某事。
가 우리 같이 영화 볼래요?
나 네, 좋아요.

1 다음과 같이 이야기해 봐요.

围绕以下内容聊一聊。

1층

가 현금인출기가 어디에 있어요?
나 1층에 있어요.

① 

2층

② 

사무실 옆

③ 

지하 3층

④ 

오른쪽

2 **다음과 같이 이야기해 봐요.**
围绕以下内容聊一聊。

①

②

③

가 지금 어디에 있어요?
나 정문 앞에 있어요.

④

⑤

⑥

3 **우리 학교에 어떤 시설이 있어요? 어디에 있어요? 친구하고 이야기해 봐요.**
我们学校有哪些设施？都在哪里？跟朋友聊一聊。

3

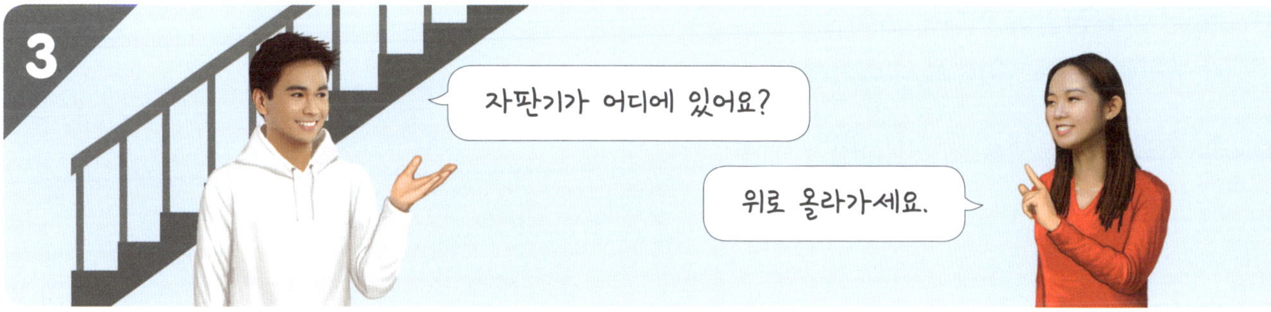

이동 移动

• 이동의 방향을 나타낼 때는 '(으)로'를 사용해요.
表示移动的方向时使用 '(으)로'。

1) 가 남자 화장실이 어디에 있어요?

男性; 男人 / 여자 女性; 女人

나 1층에 있어요. 아래로 내려가세요.

2) 가 수업이 시작돼요. 교실로 들어가세요.

나 네, 알겠어요.

1 **다음과 같이 이야기해 봐요.** 围绕以下内容聊一聊。

3층

가 현금인출기가 어디에 있어요?

나 3층으로 올라가세요.

① 

위

② 

아래

③ 

오른쪽

④ 

저쪽

⑤ 

똑바로

⑥ 

밖

2 **여러분이 자주 가는 곳이나 학교에는 다음 시설이 어디에 있어요? 어떻게 가요? 친구하고 이야기해 봐요.**
你常去的地方或学校的以下设施在哪里？如何前往？跟朋友聊一聊。

정수기 자판기 사무실 화장실 주차장

4

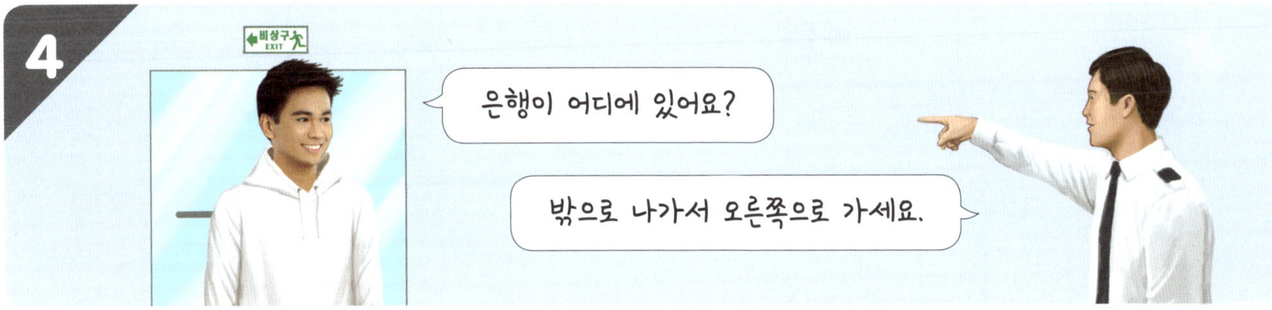

1) 가 정수기가 어디에 있어요?
   나 2층으로 올라가서 왼쪽으로 가세요.

2) 가 자판기가 어디에 있어요?
   나 아래로 내려가서 오른쪽으로 가세요.

1 다음과 같이 이야기해 봐요.

围绕以下内容聊一聊。

가 정수기가 어디에 있어요?

나 안으로 들어가서 왼쪽으로 가세요.

①

②

③

④

1) 가 어디에서 책을 사요?

나 저도 잘 몰라요. 사무실에 가서 물어보세요.

물어보다 问; 询问

2) 가 아침은 집에서 먹어요?

나 아니요, 보통 밖에서 사서 먹어요.

3) 가 우리 여기에 앉아서 잠깐 쉴래요?

나 네, 좋아요. 저도 조금 힘들었어요.

앉다 坐
서다 站
눕다 躺

-아서/어서/여서

- 동작이 밀접한 관계를 가지고 순차적으로 일어남을 나타낸다.
  表示动作之间有密切的联系并且逐一发生。

- '에 가서', '을/를 만나서', '을/를 사서', '을/를 만들어서', '에 앉아서/서서/누워서'와 같은 형태로 자주 사용한다.
  常以 '에 가서'、'을/를 만나서'、'을/를 사서'、'을/를 만들어서'、'에 앉아서/서서/누워서' 等形式使用。

2 **다음과 같이 이야기해 봐요.**
围绕以下内容聊一聊。

어제
명동에 가다, 쇼핑하다

가 어제 뭐 했어요?
나 명동에 가서 쇼핑했어요.

① 어제 | 경복궁에 가다, 사진을 찍다
② 어제 | 과자를 만들다, 친구한테 주다
③ 지난 주말 | 친구를 만나다, 운동을 하다
④ 지난 주말 | 카페에 가다, 공부를 하다
⑤ 보통 오후 | 소파에 눕다, 티브이를 보다 (소파 → 沙发)
⑥ 보통 주말 | 고향 음식을 만들다, 먹다
⑦ 오늘 오후 | PC방에 가다, 게임을 하다 (PC방 → 피시방 网吧, 노래방 练歌房)
⑧ 이번 주말 | 친구를 만나다, 영화를 보다

3 **여러분은 이번 주에 무엇을 했어요? 다음 주에 무엇을 할 거예요? 친구하고 이야기해 봐요.**
你这周做了什么？下周要做什么？跟朋友聊一聊。

5

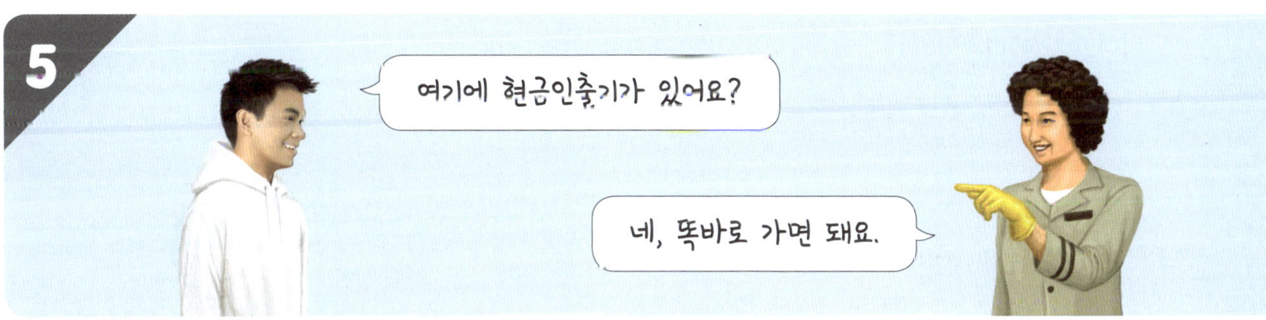

1) 가 편의점이 어디에 있어요?
   나 밖으로 나가서 왼쪽으로 가면 돼요.

2) 가 근처에 은행이 있어요?
   나 네, 저기에서 오른쪽으로 돌아가면 돼요.

1 **다음과 같이 이야기해 봐요.** 围绕以下内容聊一聊。

왼쪽, 가다

가 근처에 은행이 있어요?

나 네, 왼쪽으로 가면 돼요.

① 

똑바로, 가다

② 

저쪽, 가다

③ 

3층, 올라가다

④ 

지하 1층, 내려가다

⑤ 

밖, 나가다, 왼쪽, 가다

⑥ 

오른쪽, 가다

1) 가 어디에서 버스를 타요?
   나 저 앞에서 타면 돼요.

버스를 타다 乘公交车
택시 出租车
지하철 地铁

2) 가 오늘 일이 많아요?
나 아니요, 이것만 하면 돼요.

3) 가 저녁 준비는 다 끝났어요? (都)
나 불고기만 만들면 돼요.

- '만'은 앞에 있는 명사에 한정됨을 나타내요.
  '만', 表示仅限于前面的名词。
  친구들은 모두 몽골 사람이에요. 나만 한국 사람이에요.

-(으)면 되다

- 어떤 결과를 충족하는 수준임을 나타낸다.
  表示达到了能满足某种结果的水平。

2 다음과 같이 이야기해 봐요.
围绕以下内容聊一聊。

기다리다	가 어디에서 기다려요?
여기	나 여기에서 기다리면 돼요.

① 점심을 먹다 / 여기 ② 지우개를 사다 / 편의점

3 어떻게 하면 돼요? 다음에 대해 친구하고 이야기해 봐요.
要怎么做？针对以下内容跟朋友聊一聊。

햄버거를 먹고 싶다

한국어가 어렵다

겨울옷을 사고 싶다

한 번 더 연습해요 再练习一遍

1 다음 대화를 들어 보세요. 听听下面的对话。 022

1) 여자는 무엇을 찾아요?
女人在找什么东西?

2) 그것이 어디에 있어요?
那件东西在哪里?

2 다음 대화를 연습해 보세요. 练习下面的对话。

정수기가 어디에 있어요?

사무실 옆에 있어요.

사무실은 어디에 있어요?

2층으로 올라가서 오른쪽으로 가면 돼요.

3 여러분도 이야기해 보세요. 大家也聊一聊。

	가	나
1)	자동판매기	화장실 옆
2)	주차장	지하 2층 ↓
3)	사무실	3층 ↑, 오른쪽
4)	현금인출기	은행 옆
	은행	1층 ↓, 왼쪽

이제 해 봐요 现在试一试

들어요

1 다음은 위치에 대한 대화입니다. 잘 듣고 질문에 답해 보세요. 023

以下是有关位置的对话。请认真听，然后回答问题。

1) 여자는 무엇을 찾아요? 쓰세요.
女人在找什么东西？请写下来。

2) 들은 내용과 같으면 ○, 다르면 ✕에 표시하세요.
与听到的内容一致时用 ○，不同时用 ✕ 表示。

① 남자는 은행의 위치를 몰라요. ○ ✕

② 여자는 밖으로 나가서 오른쪽으로 갈 거예요. ○ ✕

읽어요

1 다음은 도서관을 소개하는 글입니다. 잘 읽고 질문에 답해 보세요.

以下是一段介绍图书馆的短文。请仔细阅读，然后回答问题。

저는 학교 도서관에 자주 가요. 도서관은 학교 정문으로 들어가서 오른쪽으로 가면 돼요. 1층하고 2층에는 책이 정말 많아요. 그리고 3층에는 컴퓨터가 있어서 영화도 봐요. 저는 보통 2층으로 올라가서 공부를 해요. 지하 1층에는 자동판매기하고 정수기가 있고 의자도 있어요. 저는 거기에서 친구하고 이야기도 하고 쉬어요.

1) 도서관은 어디에 있어요? 쓰세요.
图书馆在哪里？请写下来。

2) 읽은 내용과 같으면 ○, 다르면 ✕에 표시하세요.
与听到的内容一致时用 ○，不同时用 ✕ 表示。

① 이 사람은 보통 삼 층에서 공부를 해요. ○ ✕

② 이 사람은 지하 일 층에 내려가서 쉬어요. ○ ✕

써요

1 여러분은 어디에 자주 가요? 그곳에 대해 글을 써 보세요.

你经常去哪里？请写一篇关于那个地方的短文。

1) 다음에 대해 메모하세요.
记好以下内容。

어디에 자주 가요?

그곳에는 무엇이 있어요?

그것은 어디에 있어요?

거기에서 무엇을 해요?

2) 메모한 내용을 바탕으로 글을 쓰세요.
以记录的内容为基础写一篇短文。

말해요

1 여러분은 다음 건물의 2층에 있어요. 건물 안내도를 보고 위치를 묻고 답해 보세요.
假设你位于以下建筑物的第2层，请参照建筑示意图对位置进行提问和回答。

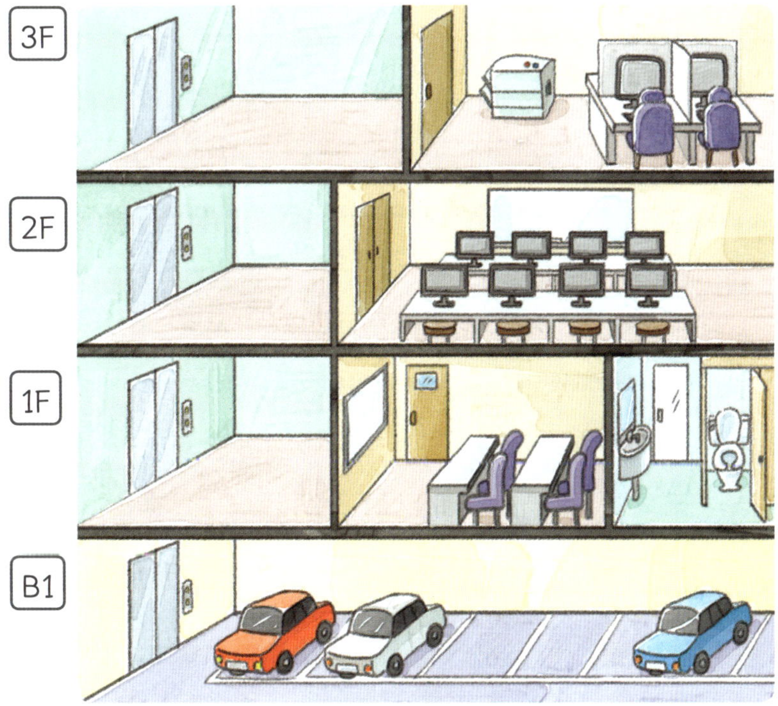

A 1) 다음 시설이 어디에 있어요? 위치를 표시하세요.
以下设施在哪里？标出它的位置。

현금인출기 정수기

2) 친구한테 다음 시설의 위치를 이야기하세요.
向朋友描述下列设施的位置。

현금인출기 정수기

3) 잘 이야기했는지 확인하세요.
确认一下你的描述是否准确。

4) 친구한테 다음 시설의 위치를 물으세요.
向朋友询问下列设施的位置。

자동판매기 교실

5) 잘 들었는지 확인하세요.
确认你听到的内容是否准确。

1 여러분은 다음 건물의 2층에 있어요. 건물 안내도를 보고 위치를 묻고 답해 보세요.
假设你位于以下建筑物的第2层，请参照建筑示意图对位置进行提问和回答。

B 1) 다음 시설이 어디에 있어요? 위치를 표시하세요.
以下设施在哪里？标出它的位置。

자동판매기　　교실

2) 친구한테 다음 시설의 위치를 물으세요.
向朋友询问下列设施的位置。

현금인출기　　정수기

3) 잘 들었는지 확인하세요.
确认你听到的内容是否准确。

4) 친구한테 다음 시설의 위치를 이야기하세요.
向朋友描述下列设施的位置。

자동판매기　　교실

5) 잘 이야기했는지 확인하세요.
确认一下你的描述是否准确。

문화 지하철을 타 봅시다! 乘一次地铁吧！

- 서울에서 모르는 곳을 갈 때에는 지하철을 이용하면 아주 편리해요.
  在首尔，去你不熟悉的地方时，乘坐地铁非常方便。

这是高丽大学韩国语中心的照片，你知道怎么去吗?

(1) 乘坐“地铁6号线”。
(2) 乘坐“地铁6号线”。
(3) 向右走，再向右一直走。太难了吗? 那就问问路过的人。

- 한국에 오면 고려대학교를 방문해 보세요.
  如果要来韩国的话，就去高丽大学转一转吧。

자기 평가
自我评价

이번 과 공부는 어땠어요? 별점을 매겨 보세요!
这一课学习得如何? 请用星星打个分!

시설의 위치를 묻고 답할 수 있어요?	☆☆☆☆☆

3

여가 생활

闲暇生活

생각해 봐요 想一想 031

1 여자는 휴일에 보통 무엇을 해요?
女人假期时通常会做什么?

2 여러분은 수업이 끝나고 무엇을 해요?
下课之后你会做些什么?

학습 목표 学习目标

여가 생활에 대해 이야기할 수 있다.
能对闲暇生活展开谈论。

- 여가 활동, 빈도
- -(으)러 가다, -(으)ㄹ 때, -는 것

배워요 学一学

1) 가 어디에 가요?

   나 커피 마시러 카페에 가요. 같이(一样) 갈래요?

2) 가 요즘(最近) 퇴근 후에 어디 다녀요?

   나 네, 수영 배우러 수영장에 다녀요.

3) 가 한국에 왜 왔어요?

   나 한국어를 배우러 왔어요.

1 다음과 같이 이야기해 봐요.

围绕以下内容聊一聊。

① 옷을 사다　② 밥을 먹다

③ 공부하다　④ 사진을 찍다

⑤ 영어를 배우다　⑥ 놀다

⑦ 음악을 듣다　⑧ 선생님한테 물어보다

> 친구를 만나다
>
> 가 뭐 하러 가요?
>
> 나 친구를 만나러 가요.

-(으)러 가다

- 앞의 행동을 하기 위해 이동함을 나타낸다.
  表示为进行前面的行动而移动。
- '-(으)러 가다/오다/다니다'의 형태로 주로 사용한다.
  常以 '-(으)러 가다/오다/다니다' 的形式使用。

2 다음과 같이 이야기해 봐요.
围绕以下内容聊一聊。

가 여기에 뭐 하러 왔어요?

나 저녁을 먹으러 왔어요.

①

②

③

④

⑤

⑥

3 여러분은 수업 후에 어디에 자주 가요? 거기에 무엇을 하러 가요? 친구하고 이야기해 봐요.
你下课后常去哪里？去那里做什么？跟朋友聊一聊。

여가 활동 休闲活动

드라마를 보다
스마트폰을 하다
운동 경기를 보다
게임을 하다
요가를 하다
자전거를 타다
산책을 하다
농구를 하다
배드민턴을 치다

1 다음과 같이 이야기해 봐요.
围绕以下内容聊一聊。

가 주말에 보통 뭐 해요?
나 자전거를 타요.

① 

② 

③ 

④ 

⑤ 

⑥ 

2 여러분은 수업이 끝난 후에 보통 무엇을 해요? 주말에 보통 무엇을 해요? 친구하고 이야기해 봐요.
下课之后你通常会做些什么？周末通常会做些什么？跟朋友聊一聊。

3

1) 가 혼자 있을 때 뭐 해요?
   나 저는 게임을 해요.

2) 가 한국 드라마를 좋아해요?
   나 네. 그런데(但是) 요즘은 바빠서 밥 먹을 때만 봐요.

3) 가 와! 다니엘 씨 한국 요리도 할 수 있어요?
   나 네, 한국 친구하고 같이 살 때 배웠어요.

4) 가 어렸을(어리다 年幼) 때부터 여기에서 살았어요?
   나 네, 여기에 처음 왔을 때 열 살이었어요.

-(으)ㄹ 때

- 어떤 동작이나 상태가 진행되는 순간이나 진행되는 동안을 나타낸다.
  表示某种动作或状态进行的瞬间或持续的期间。

1 다음과 같이 이야기해 봐요.
围绕以下内容聊一聊。

음악을 듣다	가 언제 음악을 들어요?
청소하다	나 청소할 때 들어요.

① 산책을 하다 / 날씨가 좋다
② 택시를 타다 / 바쁘다
③ 부모님이 보고 싶다 / 아프다
④ 커피를 마시다 / 피곤하다
⑤ 친구한테 전화하다 / 놀고 싶다
⑥ 청소하다 / 휴일에 시간이 많다

2 다음과 같이 이야기해 봐요.
围绕以下内容聊一聊。

친구하고 놀다	가 친구하고 놀 때 어느 나라 말로 이야기해요?
한국어로	나 친구하고 놀 때 한국어로 이야기해요.
친구하고 놀다	가 친구하고 놀 때 어느 나라 말로 이야기해요?
우리 나라 말로	나 친구하고 놀 때 우리 나라 말로 이야기해요.

① 쇼핑하다
- 혼자
- 친구하고

② 빵을 먹다
- 우유
- 커피

③ 학교에 오다
- 버스
- 지하철

④ 공부하다
- 사전 → 词典
- 사전

⑤ 영화를 보다
- 팝콘 → 爆米花
- 팝콘

⑥ 밥을 먹다
- 스마트폰
- 스마트폰

3 여러분은 어때요? 위의 내용으로 친구하고 이야기해 봐요.
你怎么样？根据上面的内容跟朋友聊一聊。

4

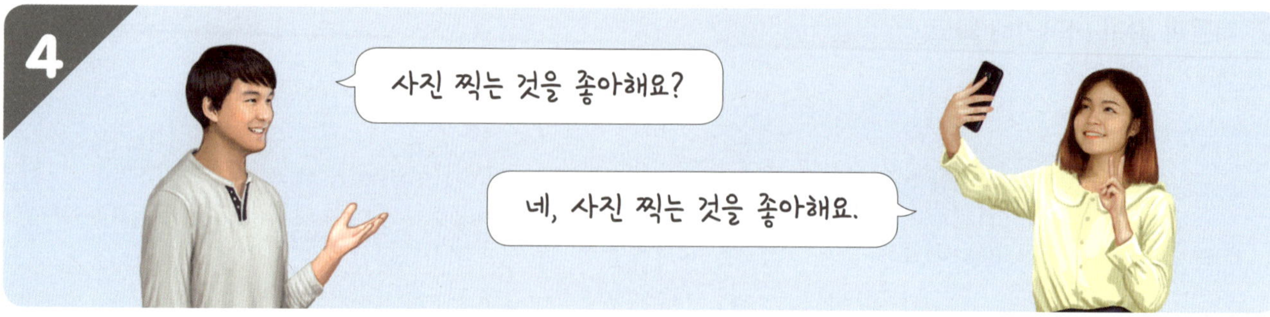

1) 가 다니엘 씨는 취미가 뭐예요?
   나 제 취미는 자전거를 타는 것이에요.

2) 가 카밀라 씨는 노래 부르는 것을 좋아해요?
   나 별로 안 좋아해요. 듣는 것은 좋아해요.
   (별로 → 不怎么，不太)

3) 가 김치를 만드는 것이 어려워요?
   나 아니요, 생각보다 쉬워요.
   (생각보다 → 比想象的更)

-는 것

- 동사 어간에 붙어 동사를 명사처럼 사용할 수 있게 한다.
  附加于动词词干，从而使动词可以像名词一样使用。

1 다음과 같이 이야기해 봐요.
围绕以下内容聊一聊。

> 책을 읽다
>
> 가 뭐 하는 것을 좋아해요?
>
> 나 저는 책 읽는 것을 좋아해요.

① 게임을 하다
② 자전거를 타다
③ 노래를 부르다
④ 피아노를 치다
⑤ 드라마를 보다
⑥ 음식을 만들다
⑦ 음악을 듣다
⑧

2 **여러분은 어때요? 연결하고 친구하고 이야기해 봐요.**
你怎么样？连线并跟朋友聊一聊。

가 한국어를 배우는 것이 어때요?
나 한국어를 배우는 것이 어려워요.

① 
악기를 배우다

② 
쇼핑하다

③ 
자전거를 타다

④ 
그림을 그리다

⑤ 
한국에서 살다

⑥ 

한국말로 이야기하다

⑦ 
혼자 밥을 먹다

⑧ ?

- 재미있다
- 재미없다
- 어렵다
- 쉽다
- 힘들다
-

3 **다음과 같이 이야기해 봐요.**
围绕以下内容聊一聊。

> **영화를 보다**
>
> 가 취미가 뭐예요?
>
> 나 제 취미는 영화를 보는 거예요.

① 요가를 하다
② 농구를 하다
③ 배드민턴을 치다
④ 피아노를 치다
⑤ 노래방에 가다
⑥ 산책을 하다
⑦ 그림을 그리다
⑧

5

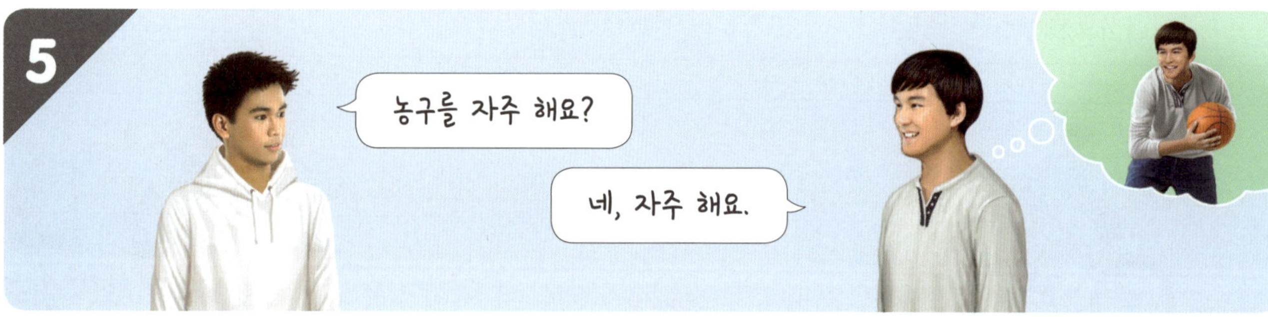

빈도 频率

자주

가끔

거의 안

전혀 안

월	화	수	목	금	토	일
1	2	3	4	5	6	7
8	9	10	11	12	13	14
15	16	17	18	19	20	21
22	23	24	25	26	27	28
29	30	31				

1 다음과 같이 이야기해 봐요.
围绕以下内容聊一聊。

책을 읽다
전혀

가 책을 자주 읽어요?

나 아니요, 전혀 안 읽어요.

① 수영을 하다 | 가끔

② 음식을 만들다 | 전혀

③ 쇼핑하다 | 가끔

④ 운동하다 | 거의

⑤ 라면을 먹다 | 자주

⑥ 커피를 마시다 | 전혀

⑦ 박물관에 가다 | 거의

⑧ 빨래하다 | 자주

2 여러분은 다음을 자주 해요? 자주 안 해요? 친구하고 이야기해 봐요.
你常做下面的事吗？不常做吗？跟朋友聊一聊。

한 번 더 연습해요 再练习一遍

1 다음 대화를 들어 보세요. (032)
听听下面的对话。

1) 무함마드 씨는 시간이 있을 때 무엇을 해요?
穆罕默德有空时会做什么?

2) 두 사람은 무엇에 대해 이야기해요?
两个人在聊什么话题?

2 다음 대화를 연습해 보세요.
练习下面的对话。

무함마드 씨는 시간이 있을 때 보통 뭐 해요?

저는 친구들하고 노래방에 자주 가요.

노래하는 것을 좋아해요?

네, 좋아해요.
나쓰미 씨는 수업이 끝난 후에 보통 뭐 해요?

저는 집에 있는 것을 좋아해요.
그래서 집에서 책도 읽고 드라마도 봐요.

3 **여러분도 이야기해 보세요.**
大家也聊一聊。

1)

가	악기를 연주하다
	피아노를 치다, 기타를 치다
나	영화관에 가다

2)

가	집에 있다
	요가를 하다, 스마트폰을 하다
나	수영장에 가다

3)

가	운동을 하다
	배드민턴을 치다, 농구를 하다
나	PC방에 가다

이제 해 봐요 现在试一试

들어요

1 다음은 여가 생활에 대한 대화입니다. 잘 듣고 질문에 답해 보세요. 033

下面是关于闲暇生活的对话。请认真听，然后回答问题。

1) 남자는 시간이 있을 때 무엇을 해요? 고르세요.
男人有空时会做什么？请选出来。

① 

② 

③ 

④ 

2) 들은 내용과 같으면 ○, 다르면 ×에 표시하세요.
与听到的内容一致时用 ○，不同时用 × 表示。

① 여자는 요리를 자주 해요. ○ ×

② 여자는 남자의 요리를 전에 먹었어요. ○ ×

읽어요

1 다음은 취미를 소개하는 글입니다. 잘 읽고 질문에 답해 보세요.

以下是介绍爱好的短文。请仔细阅读，然后回答问题。

제 취미는 피아노를 치는 거예요. 저는 다섯 살 때 피아노를 처음 배웠어요. 그때부터 저는 피아노 치는 것이 좋았어요. 고향에 있을 때는 자주 피아노를 쳤어요. 지금은 피아노가 없어서 못 쳐요.

지난 주말에는 피아노 콘서트에 갔어요. 피아노 소리(声)를 들어서 너무 좋았어요. 앞으로도 자주 콘서트에 가려고 해요.

1) 이 사람의 취미는 무엇이에요?
这个人的爱好是什么？

2) 읽은 내용과 같으면 O, 다르면 X에 표시하세요.
与阅读的内容一致时用 O，不同时用 X 表示。

① 지금 이 사람의 집에는 피아노가 없어요. O X

② 이 사람은 지난 주말에 콘서트에서 피아노를 쳤어요. O X

말해요

1 취미에 대해 친구들하고 이야기해 보세요.
围绕爱好跟朋友聊一聊。

1) 여러분의 취미는 뭐예요? 메모하세요.
你的爱好是什么？请记下来。

2) 친구의 취미에 대해 물어볼 거예요. 무엇을 질문할 거예요? 생각해 보세요.
询问一下朋友的爱好。想一想你会问哪些问题。

3) 친구하고 취미에 대해 이야기하세요.
跟朋友聊一聊爱好。

써요

1 여러분의 취미를 소개하는 글을 써 보세요.

请写一篇介绍自己的爱好的短文。

1) 다음에 대해 메모하세요.
记好以下内容。

뭐 하는 것을 좋아해요? 시간이 있을 때 뭐 해요?

어디에서, 누구하고 해요?
얼마나 자주 해요?

언제부터 했어요?

2) 메모한 내용을 바탕으로 글을 쓰세요.
以记录的内容为基础写一篇短文。

문화 한국인의 여가 시간 韩国人的闲暇时间

- 여러분은 여가 시간을 어떻게 보내요? 한국인은 어떻게 보낼까요?
  你是如何度过闲暇时间的呢？韩国人又是如何度过的呢？

闲暇时间是指在基本生活时间里除去工作、学习、睡眠和就餐等生活活动时间以外的时间。

最受韩国人欢迎的休闲活动是看电视，其后依次为上网或网络社交活动、打游戏和散步。据统计，独自进行休闲活动的比率为59.8%，并呈现逐渐上升的趋势，而与家人一起进行休闲活动的比率则下降至29.7%。

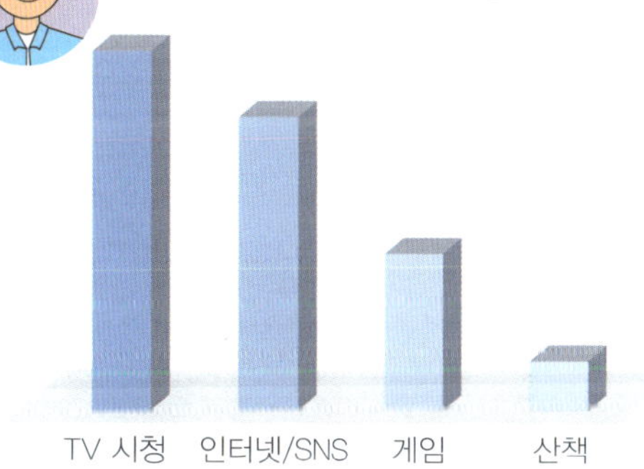

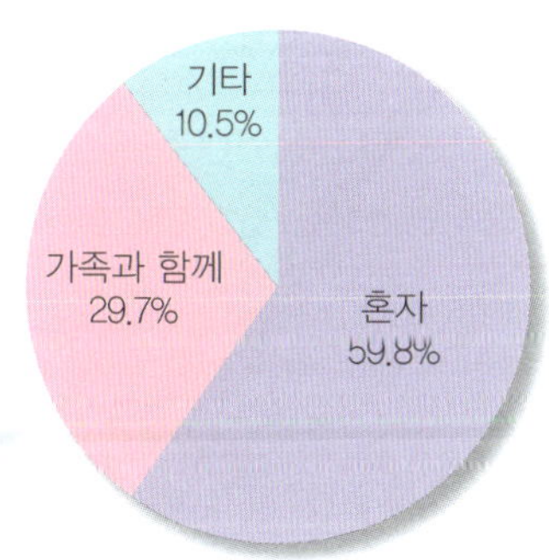

- 여러분은 여가 시간에 보통 무엇을 해요? 한국인하고 비슷해요?
  你在闲暇时间里通常做些什么？跟韩国人相似吗？

자기 평가
自我评价

이번 과 공부는 어땠어요? 별점을 매겨 보세요!
这一课学习得如何？请用星星打个分！

여가 생활에 대해 이야기를 할 수 있어요?	☆☆☆☆☆

4

건강

健康

생각해 봐요 想一想 041

1. 나쓰미 씨는 지금 어때요?
   夏美现在怎么样了?
2. 여러분은 요즘 건강이 어때요?
   你最近的健康状况如何?

학습 목표 学习目标

건강 상태에 대해 묻고 답할 수 있다.
能对健康状况进行提问和回答。

- 몸, 건강
- -(으)면, -아도/어도/여도 되다, -(으)면 안 되다

배워요 学一学

1 몸 身体

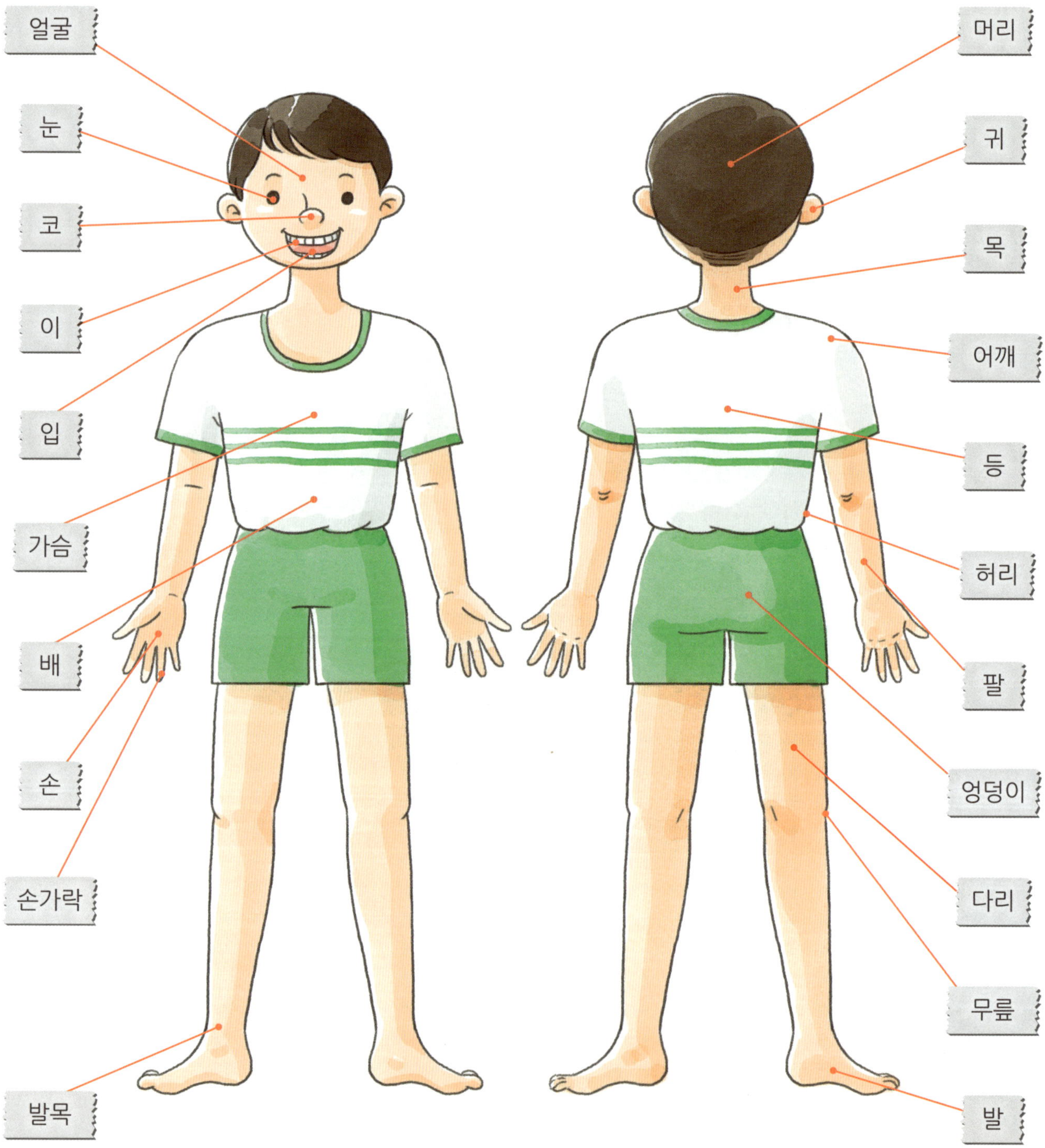

1 다음과 같이 이야기해 봐요.

围绕以下内容聊一聊。

①
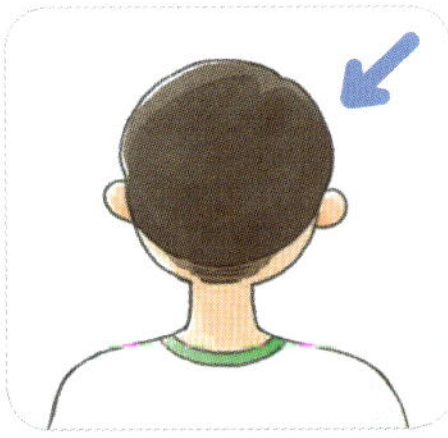

②

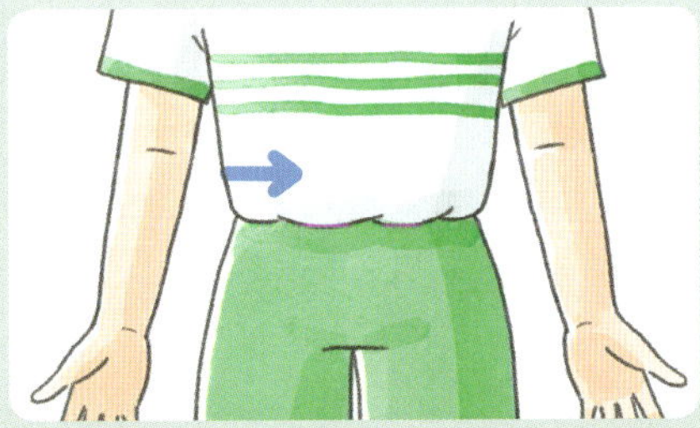

가 어디가 아파요?

나 배가 아파요.

③

④
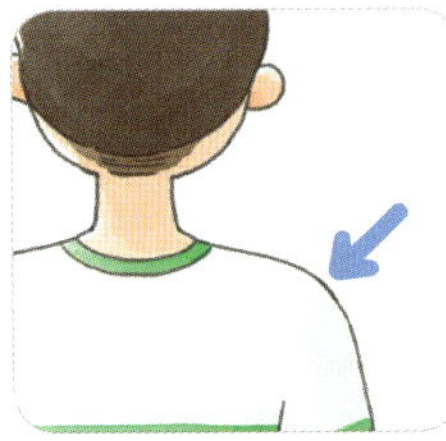

⑤
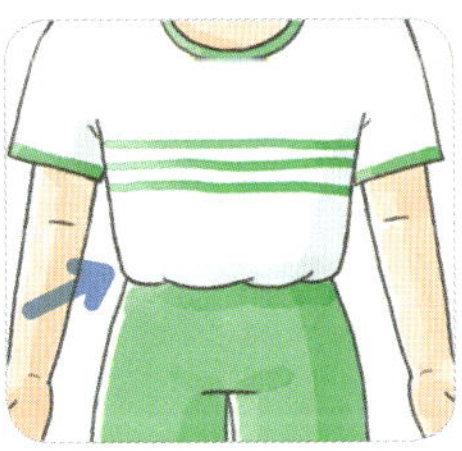

⑥
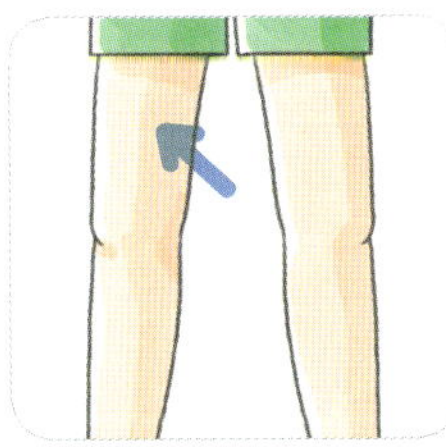

⑦
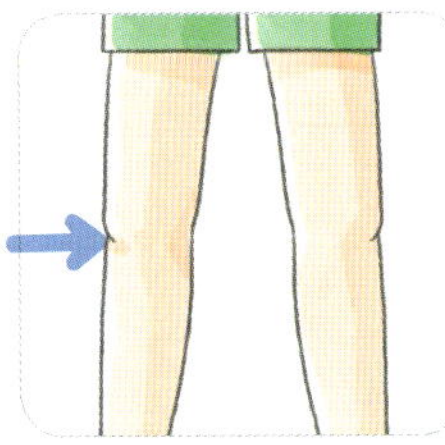

⑧
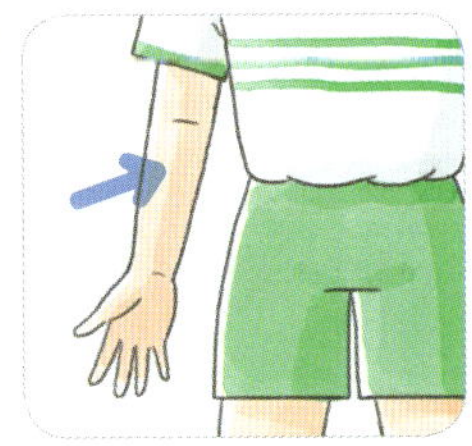

2 여러분은 어디가 자주 아파요? 친구하고 이야기해 봐요.

你常感觉哪里不舒服？跟朋友聊一聊。

건강 상태 健康状况

열이 나다

기침을 하다

콧물이 나다

감기에 걸리다

배탈이 나다

*다리*를 다치다

*머리*가 아프다

*알레르기*가 심하다

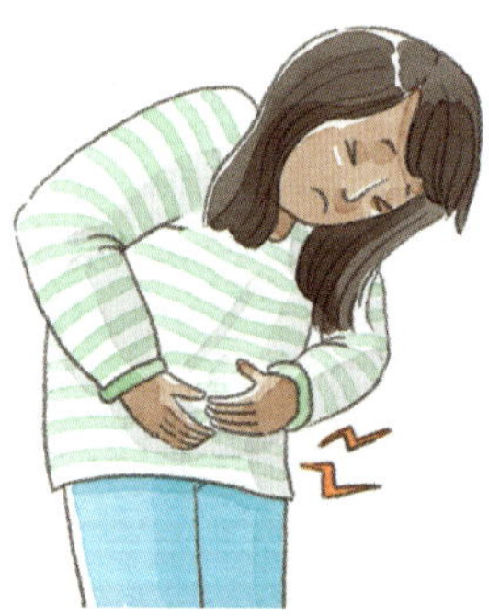
*생리통*이 심하다

*얼굴*에 뭐가 나다

잠을 못 자다

- '감기에 걸리다', '배탈이 나다', '다치다'는 보통 '감기에 걸렸어요', '배탈이 났어요', '다쳤어요'로 말해요.
  '감기에 걸리다'、'배탈이 나다'、'다치다' 通常会说成 '감기에 걸렸어요'、'배탈이 났어요'、'다쳤어요'。

몸이 안 좋다	피곤하다	괜찮다	건강하다 / 좋다	낫다

1) 가 어디가 안 좋아요?

나 요즘 잠을 잘 못 자요.

잘 → 好；很好

2) 가 감기에 걸렸어요?

나 네, 어제부터 열도 나고 기침도 해요.

3) 가 지금도 아파요?

나 지금은 괜찮아요. 다 나았어요.

1 **다음과 같이 이야기해 봐요.**

围绕以下内容聊一聊。

①

②

③

④

가 어디가 안 좋아요?

나 기침을 해요.

⑤

⑥

⑦

⑧

2 **여러분은 요즘 건강이 어때요? 어디가 안 좋아요? 친구하고 이야기해 봐요.**

你最近的健康状况如何？哪里不舒服？跟朋友聊一聊。

3

1) 가 머리가 계속 아파요.
   나 그래요? 몸이 안 좋으면 오늘은 먼저 가세요.

2) 가 많이 매우면 이 우유를 드세요.
   나 네, 고마워요. 너무 매웠어요.

3) 가 커피 더(更) 마실래요?
   나 아니요, 저는 커피를 많이 마시면 잠을 잘 못 자요.

4) 가 내일 자전거 타러 갈 거예요?
   나 내일도 날씨가 안 좋으면 안 갈래요.

-(으)면

- 뒤의 내용에 대한 조건이나 가정을 나타낸다.
  表示后面内容的条件或假设。

1 다음과 같이 이야기해 봐요.
围绕以下内容聊一聊。

많이 피곤하다, 집에 가서 쉬다	가 많이 피곤하면 집에 가서 쉬세요.

① 많이 아프다, 이 약(药)을 먹다

② 목이 아프다, 물을 마시다

③ 몸이 안 좋다, 안에서 기다리다

④ 힘들다, 여기에 앉아서 쉬다

⑤ 배탈이 났다, 이걸 먹다

⑥ 감기에 걸렸다, 먼저 가다

⑦ 그 책이 어렵다, 이 책을 보다

⑧ 같이 가고 싶다, 내일 학교로 오다

2 **여러분은 언제 이렇게 돼요? 다음과 같이 이야기해 봐요.**
你什么时候会变成这样？围绕以下内容聊一聊。

✓ 밥을 많이 먹다

시험이 있다 (→ 考试；测验)

밥을 안 먹다

공부를 하다

운동을 많이 하다

음식이 너무 맵다

스마트폰을 계속 보다

커피를 많이 마시다

⋮

밥을 많이 먹으면 배가 아파요.

3 **여러분은 다음과 같은 상황이 되면 무엇을 하고 싶어요? 친구하고 이야기해 봐요.**
如果处于下面的状况，你想做什么？跟朋友聊一聊。

돈이 많다	한국어 공부가 끝나다	가수가 되다

4

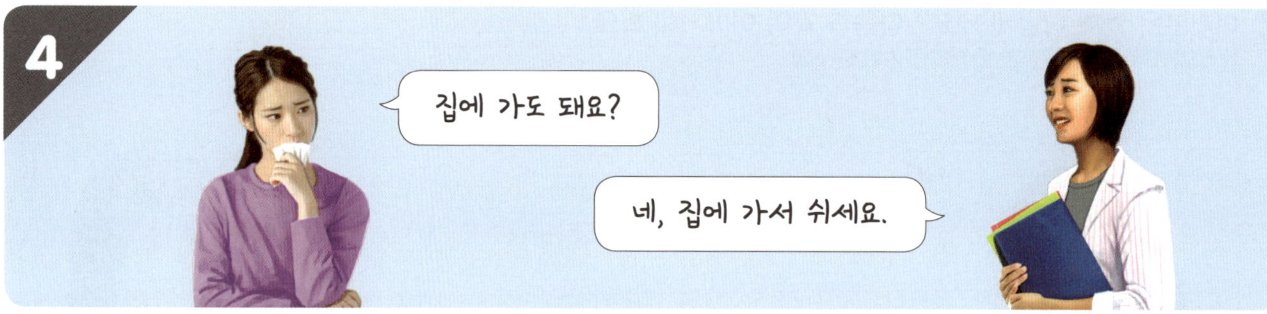

1) 가 지금 화장실에 가도 돼요?
   나 네, 가도 돼요.

2) 가 많이 피곤하면 저기에서 쉬어도 돼요.
   나 아니요, 괜찮아요. 별로 안 피곤해요.

3) 가 배고프면 먼저 먹어도 돼요. (배고프다 饿)
   나 아니에요. 웨이 씨가 오면 같이 먹을래요.

4) 가 이 지우개 좀 써도 돼요? (쓰다 用)
   나 네, 쓰세요.

> **-아도/어도/여도 되다**
>
> • 행동의 허락이나 허용을 나타낸다.
> 表示寻求对某行动的许可或允许某行动。

1 다음과 같이 이야기해 봐요.
围绕以下内容聊一聊。

① 좀 쉬다
② 이 물을 마시다
③ 사진을 찍다
④ 먼저 가다
⑤ 지금 들어가다
⑥ 이 컴퓨터를 쓰다
⑦ 여기에서 먹다
⑧ 여기 좀 구경하다

> 여기에 앉다
>
> 가 여기에 앉아도 돼요?
>
> 나 네, 앉으세요.

5

1) 가 그렇게 술을 많이 마시면 안 돼요.
   나 네, 알겠어요.

2) 가 여기에서 음식을 먹어도 돼요?
   나 여기에서 먹으면 안 돼요. 저쪽에서 드세요.

3) 가 여기에서 사진을 찍을 수 있어요?
   나 여기에서는 찍으면 안 돼요.

> **-(으)면 안 되다**
>
> • 행동을 금지하거나 제한함을 나타낸다.
> 表示禁止或限制某行动。

1 다음과 같이 이야기해 봐요.
围绕以下内容聊一聊。

오늘은 운동을 하다

가 오늘은 운동을 하면 안 돼요.
나 네, 알겠어요.

① 내일 늦게 오다
② 오늘은 일을 많이 하다
③ 커피를 많이 마시다
④ 여기에 앉다
⑤ 여기에 들어가다
⑥ 여기에서 음악을 듣다
⑦ 그렇게 매일 놀다
⑧ 오늘은 술을 마시다

2 다음을 해도 돼요? 친구하고 이야기해 봐요.
下面的事可以做吗？跟朋友聊一聊。

여기에 앉다 / O

가 여기에 앉아도 돼요?
나 네, 앉아도 돼요.

여기에 앉다 / X

가 여기에 앉아도 돼요?
나 아니요, 여기에 앉으면 안 돼요.

지금 집에 가다 | 수업 시간에 화장실에 가다 | 앉아서 쉬다
스마트폰을 하다 | 내일 늦게 오다
여기에 누워서 자다 | ? | ?

3 몸이 안 좋을 때 무엇을 하면 안 돼요? 무엇을 해도 돼요? 친구하고 이야기해 봐요.
身体不好时哪些事不可以做？哪些事可以做？跟朋友聊一聊。

한 번 더 연습해요 再练习一遍

1 다음 대화를 들어 보세요. (042)
听听下面的对话。

1) 웨이 씨는 어디가 아파요?
王伟哪里不舒服?

2) 웨이 씨는 먼저 가도 돼요?
王伟可以先走吗?

2 다음 대화를 연습해 보세요.
练习下面的对话。

웨이 씨, 어디 아파요? 얼굴이 안 좋아요.

감기에 걸려서 몸이 좀 안 좋아요.
먼저 집에 가도 돼요?

많이 힘들면 먼저 가도 돼요.

3 여러분도 이야기해 보세요.
大家也聊一聊。

1) 나
- 배탈이 나다, 몸이 안 좋다
- 지금 집에 가다

2) 나
- 어제 잠을 못 자다, 피곤하다
- 저기에서 좀 쉬다

3) 나
- 알레르기가 심하다, 힘들다
- 내일 학교에 안 오다

이제 해 봐요 现在试一试

들어요

1 다음은 건강에 대한 대화입니다. 잘 듣고 질문에 답해 보세요. 043

以下是关于健康的对话。请认真听，然后回答问题。

1) 남자는 오늘 왜 학교에 안 왔어요? 고르세요.
男人今天为什么没来学校？请选出来。

① 다리를 다쳐서 ② 허리가 아파서 ③ 병원에 있어서

2) 의사 선생님이 남자한테 무슨 이야기를 했어요? 쓰세요.
医生对男人说了什么？请写出来。

말해요

1 어디가 아픈지, 어떻게 하고 싶은지 친구하고 이야기해 보세요.

跟朋友聊一聊哪里不舒服，想怎么做。

1) 다음 그림을 보고 생각해 보세요.
看下图想一想。

- 어디가 아파요?
哪里不舒服?
- 어떻게 하고 싶어요?
想怎么做?

A

B

2) A와 B가 되어 이야기하세요.
扮成A和B，一起聊一聊。

읽어요

1 다음은 건강에 대해 쓴 글입니다. 잘 읽고 질문에 답해 보세요.
以下是关于健康的短文。请仔细阅读，然后回答问题。

요즘 한국은 아주 추워요. 어제 저녁부터 저는 머리가 아프고 기침을 했어요. 기침을 많이 해서 잠을 못 잤어요. 오늘 아침에는 열도 났어요. 그래서 학교에 안 가고 병원에 갔어요. 지금은 약을 먹고 집에서 쉬고 있어요. 내일은 학교에 가고 싶어요.

1) 이 사람은 왜 학교에 못 갔어요? 모두 고르세요.
这个人为什么没能去学校？请全部选出来。

① 
② 
③ 
④ 

2) 읽은 내용과 같으면 ○, 다르면 ✕에 표시하세요.
与阅读的内容一致时用 ○，不同时用 ✕ 表示。

① 이 사람은 어제부터 아팠어요. ○ ✕

② 이 사람은 지금 병원에 있어요. ○ ✕

써요

1 여러분은 어디가 자주 아파요? 아프면 어떻게 해요? 의사 선생님한테 물어보세요.
你常感觉哪里不舒服？不舒服的话会怎么做？问一问医生。

1) 의사 선생님한테 무엇을 물어볼 거예요? 메모하세요.
要问医生哪些问题？请记下来。

어디가? 어떻게?	언제? 무엇을 하면?

2) 메모한 내용을 바탕으로 글을 쓰세요.
以记录的内容写一篇短文。

문화 아플 때는 여기로! 生病时就来这里！

- 한국에도 많은 약국과 병원이 있어요. 아플 때는 여기로 찾아가세요.
  韩国也有很多药店和医院。当你生病时就去这里吧。

这里是药店，但夜深时或休息日不营业，如果是平时常吃的常规药物在便利店也能买到。

如果病得厉害就要去医院了吧？如果感冒了，就去耳鼻喉科(이비인후과)或内科(내과)；如果牙疼，就去牙科(치과)；如果受了伤或扭伤，就要去骨科(정형외과)。

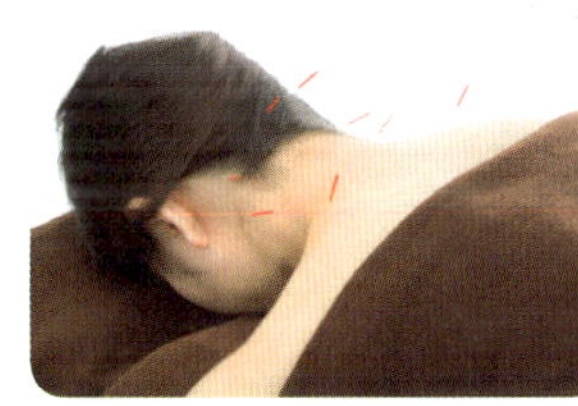

你知道“한의원(韩医院)”是什么地方吗？这里是使用韩国传统疗法治病的地方。这里可以开药，如果有痛症，还可以针灸。

- 한국에서 혹시 아프면 걱정하지 말고 병원에 가 보세요.
  万一在韩国生病了，不要担心，去医院就好。

자기 평가
自我评价

이번 과 공부는 어땠어요? 별점을 매겨 보세요!
这一课学习得如何？请用星星打个分！

건강 상태에 대해 묻고 답할 수 있어요?	☆☆☆☆☆

5

좋아하는 것

喜欢的事物

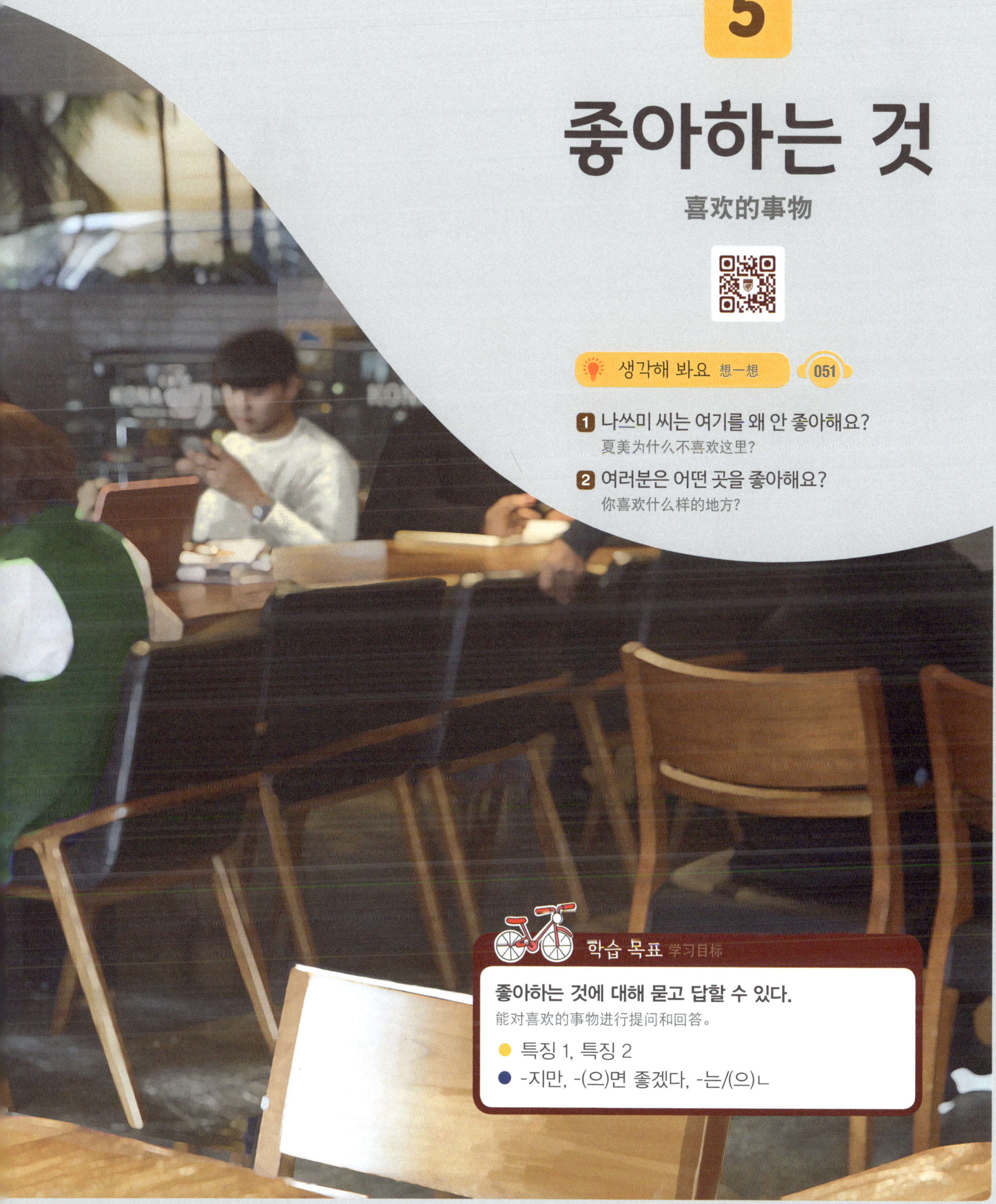

생각해 봐요 想一想 051

1 나쓰미 씨는 여기를 왜 안 좋아해요?
夏美为什么不喜欢这里?

2 여러분은 어떤 곳을 좋아해요?
你喜欢什么样的地方?

학습 목표 学习目标

좋아하는 것에 대해 묻고 답할 수 있다.
能对喜欢的事物进行提问和回答。

- 특징 1, 특징 2
- -지만, -(으)면 좋겠다, -는/(으)ㄴ

배워요 学一学

1

특징 1 特征 1

체격이 크다

체격이 작다

키가 크다

키가 작다

뚱뚱하다

보통이다

날씬하다

마르다

어깨가 넓다

어깨가 좁다

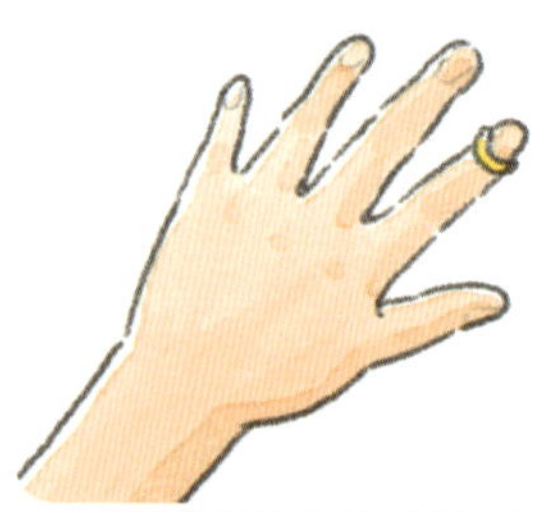
손가락이 굵다

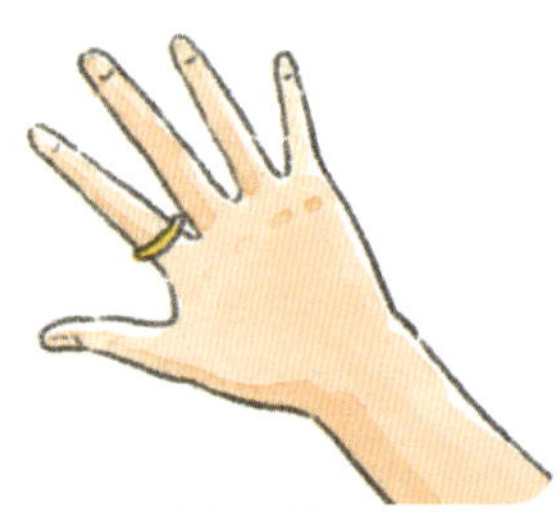
손가락이 가늘다

머리가 길다

머리가 짧다

귀엽다 멋있다 예쁘다

잘생기다 못생기다

- '마르다', '잘생기다', '못생기다'는 보통 '말랐어요', '잘생겼어요', '못생겼어요'로 말해요.
  '마르다'、'잘생기다'、'못생기다' 通常会说成 '말랐어요'、'잘생겼어요'、'못생겼어요'。

1 다음과 같이 이야기해 봐요.
围绕以下内容聊一聊。

가 그 사람은 어때요?

나 키가 크고 말랐어요.

①

②

③

④

2 여러분은 가수, 배우를 많이 알아요? 그 사람들은 어때요? 친구하고 이야기해 봐요.
你知道的歌手、演员多吗？那些人怎么样？跟朋友聊一聊。

똑똑하다 | 착하다 | 성격이 좋다 | 성격이 안 좋다 | 이상하다

1) 가 지아 씨는 성격이 어때요?
   나 좋아요. 아주 착해요.

2) 가 저 사람 어때요?
   나 좀 이상해요.

3 **여러분의 친구는 어때요? 친구하고 이야기해 봐요.**
你的朋友怎么样？ 跟朋友聊一聊。

2

- 자신의 생각과 상대방의 생각이 같은지 확인하고 싶을 때 '-지요?'로 물어요.
  想确认自己的想法与对方的想法是否相同时，使用 '-지요?' 进行提问。

  가 웨이 씨는 중국 사람이지요?
  나 네, 중국 사람이에요.

특징 2 特征 2

가깝다

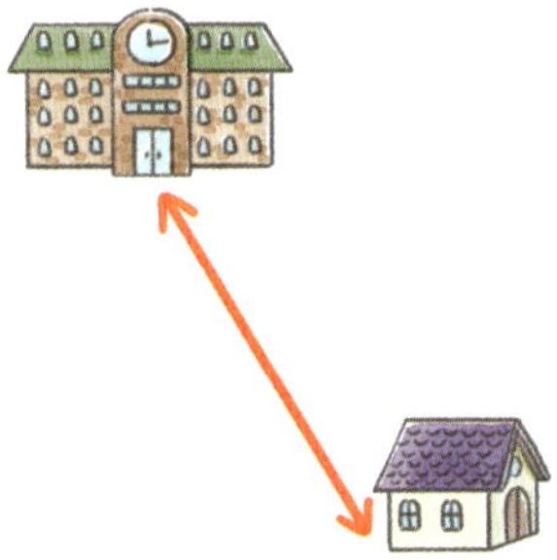

멀다

넓다

좁다

밝다

어둡다

깨끗하다

더럽다

조용하다

시끄럽다

편하다

불편하다

가볍다

무겁다

뜨겁다

차갑다

1) 가 학교에서 집이 멀어요?

나 아니요, 가까워요.

2) 가 여기 조금 시끄럽지요?

나 네, 우리 다른 카페에 갈래요?

다른 → 其他的；不同的

1 다음과 같이 이야기해 봐요.

围绕以下内容聊一聊。

가 집이 밝지요?

나 네, 아주 밝아요.

①

②

③

노트북 → 笔记本电脑

④

⑤

⑥

⑦

⑧

⑨

2 우리 학교는 어때요? 친구하고 이야기해 봐요.

我们学校怎么样？跟朋友聊一聊。

교실 책상 의자 칠판 화장실

3

1) 가 집은 어때요?
   나 학교에서 좀 멀지만 방이 넓어요.

2) 가 노래방에 자주 가요?
   나 아니요, 음악을 듣는 것은 좋아하지만 노래하는 것은 싫어해요.

3) 가 미아 씨하고 지아 씨는 기숙사에 살지요?
   나 아니요, 저는 기숙사에 살지만 지아 씨는 기숙사에 안 살아요.

> **-지만**
>
> • 앞의 내용이 뒤의 내용과 반대됨을 나타낸다.
> 表示前面的内容与后面的内容相反。

1 **다음과 같이 이야기해 봐요.**
围绕以下内容聊一聊。

떡볶이	가 떡볶이 어때요?
맵다, 맛있다	나 맵지만 맛있어요.

① 그 식당 | 음식이 맛있다, 비싸다

② 기숙사 | 학교에서 가깝다, 좁다

③ 그 헬스장 | 집에서 멀다, 깨끗하다

④ 요가하는 것 | 재미있다, 힘들다

⑤ 춤 연습하는 것 | 잘 못하다, 재미있다

⑥ 알리 씨 | 학교에 잘 안 오다, 한국어를 잘하다

2 다음과 같이 이야기해 봐요.

韩国生活怎么样？跟朋友聊一聊。

좋아하다

☑ 음악을 듣다 ☐ 노래하다

가 저는 음악 듣는 것은 좋아하지만 노래하는 것은 안 좋아해요.

① 자주 가다

☐ 도서관 ☐ PC방

② 자주 타다

☐ 지하철 ☐ 버스

③ 자주 하다

☐ 청소 ☐ 빨래

④ 좋아하다

☐ 운동을 하다 ☐ 영화를 보다

3 한국 생활은 어때요? 친구하고 이야기해 봐요.

你怎么样？跟朋友聊一聊。

한국어 공부　　한국 음식　　한국 친구

4

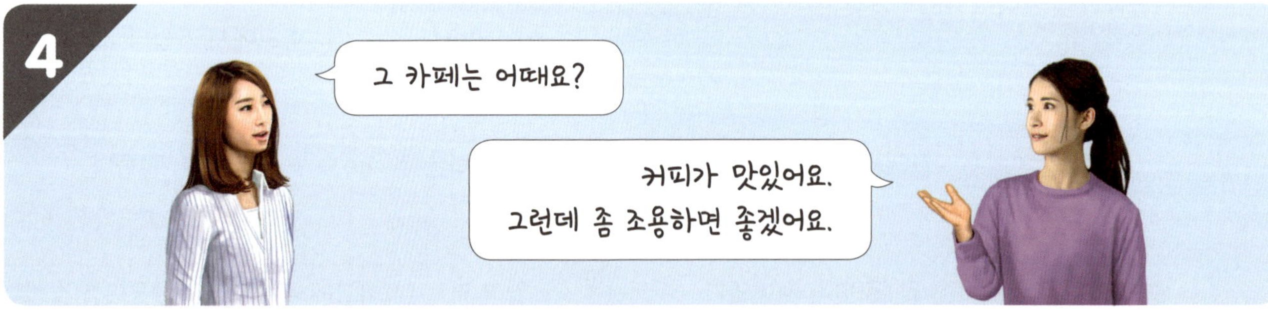

1) 가 그 노트북 좋아요?
나 네. 그런데 좀 가벼우면 좋겠어요.

2) 가 지금 집이 불편해서 다른 집을 찾으려고 해요. (찾다 找)
나 집이 어떠면 좋겠어요?

3) 가 한국에서 뭘 하고 싶어요?
나 여행을 하고 싶어요. 그리고 한국 친구를 많이 사귀면 좋겠어요.

4) 가 올해 꼭 대학교에 들어갔으면 좋겠어요. (一定，务必)
나 저도 그랬으면 좋겠어요.

-(으)면 좋겠다

- 바람이나 기대를 나타낸다.
  表示说话者的希望或期待。
- '-았으면/었으면/였으면 좋겠다'를 사용하기도 한다.
  也可以使用 '-았으면/었으면/였으면 좋겠다'。

- **'어떠면'은 '어떻다'의 '-(으)면' 형태예요.**
  '어떠면' 是 '어떻다' 的 '-(으)면' 形式。
  어떻다-어때요?-어떠면 좋겠어요?

1 다음과 같이 이야기해 봐요.
围绕以下内容聊一聊。

방	가 방이 어땠으면 좋겠어요?
조용하다	나 조용했으면 좋겠어요.

① 방 / 밝다
② 방 / 깨끗하다
③ 방 / 학교에서 가깝다
④ 날씨 / 맑다
⑤ 날씨 / 안 춥다
⑥ 날씨 / 비가 안 오다
⑦ 친구 / 재미있다
⑧ 고향 친구 / 한국어를 할 수 있다
⑨ 친구 /

2 다음과 같이 이야기해 봐요.
围绕以下内容聊一聊。

책

가 책이 어때요?

나 좀 어려워요. 쉬우면 좋겠어요.

① 집

② 옷

③ 음식

④ 체격

3 다음이 어떠면 좋겠어요? 친구하고 이야기해 봐요.
你希望下列事物怎么样？跟朋友聊一聊。

우리 교실 | 요즘 날씨 | 옆 친구

5

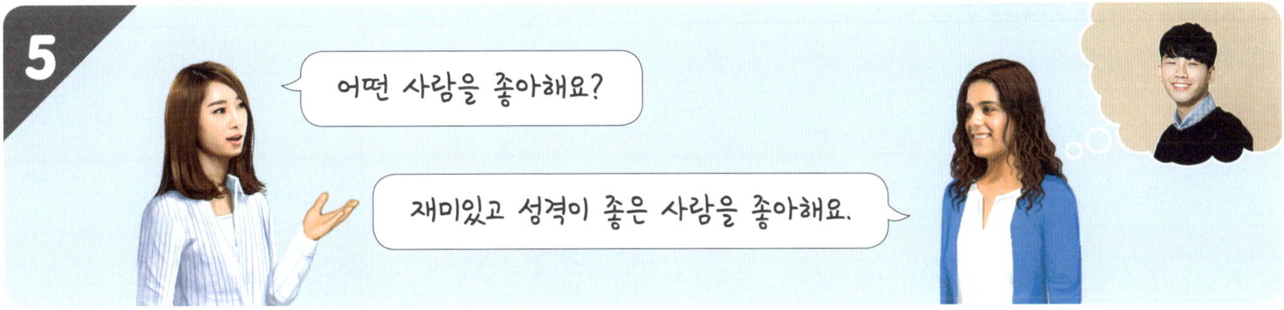

1) 가 영화는 재미있었어요?
   나 아주 재미있었어요. 잘생긴 남자 배우도 나왔고요.

2) 가 나쓰미 씨는 한국 친구가 많아요?
   나 별로 없어요. 취미가 같은 친구가 있었으면 좋겠어요.
   같다 一样的；同样的

3) 가 근처에 냉면이 맛있는 식당을 알아요?
   나 네, 학교 정문 앞에 하나 있어요.

4) 가 커피 하나 주세요.
   나 따뜻한 커피, 차가운 커피 어느 것으로 드릴까요?

5) 가 지금 사는 집은 마음에 들어요?
   나 네, 방이 커서 좋아요.
   마음에 들다 满意

-는/(으)ㄴ

- 뒤에 오는 명사를 수식한다. 그 동작이나 상태가 현재임을 나타낸다.
  用于修饰后面的名词。表示动作或状态是现在的样子。

<table>
<tr><td colspan="2">동사, '있다, 없다'</td><td>-는</td><td>먹는
재미있는</td></tr>
<tr><td rowspan="2">형용사</td><td>받침이 있을 때</td><td>-은</td><td>작은</td></tr>
<tr><td>받침이 없거나 'ㄹ' 받침일 때</td><td>-ㄴ</td><td>큰
긴</td></tr>
</table>

- '어떤'은 '어떻다'의 '-는/(으)ㄴ' 형태예요.
  '어떤' 是 '어떻다' 的 '-는/(으)ㄴ' 形式。

1 다음과 같이 이야기해 봐요.
围绕以下内容聊一聊。

날씨	가 어떤 날씨를 좋아해요?
시원하다	나 시원한 날씨를 좋아해요.

①	날씨	맑다	②	날씨	따뜻하다
③	날씨	비가 오다	④	날씨	바람이 불다
⑤	음식	맵다	⑥	음식	달다
⑦	사람	똑똑하다	⑧	사람	재미있다
⑨	사람	귀엽다	⑩	사람	머리가 길다
⑪	사람	잘생겼다	⑫	사람	말랐다
⑬	곳	넓지만 조용하다	⑭	곳	깨끗하고 밝다

2 다음에 대해 친구하고 이야기해 봐요.
围绕以下内容跟朋友聊一聊。

가 어떤 사람을 사귀고 싶어요?

나 저는 체격이 크고 운동을 잘하는 사람을 만나고 싶어요.

- 어떤 사람을 사귀고 싶어요?

- 어떤 집에서 살고 싶어요?

- 어떤 곳에서 공부하고 싶어요?

- 어떤 곳에 놀러 가고 싶어요?

- 어떤 것을 사고 싶어요?

- 어떤 것을 먹고 싶어요?

한 번 더 연습해요 再练习一遍

1 다음 대화를 들어 보세요. 052

听听下面的对话。

1) 카밀라 씨는 어떤 사람을 만나고 싶어 해요?
卡米拉想跟什么样的人交往?

2) 하준 씨는 어떤 사람을 만나고 싶어 해요?
夏俊想跟什么样的人交往?

2 다음 대화를 연습해 보세요.

练习下面的对话。

카밀라 씨는 어떤 사람을 만나고 싶어요?

저는 재미있고 착한 사람을 만나고 싶어요.
하준 씨는요?

저는 게임하는 것을 좋아해요.
그래서 게임을 좋아하는 사람을 만나고 싶어요.

3 여러분도 이야기해 보세요.

大家也聊一聊。

1) 사람, 만나다

가	영화를 좋아하다

나	똑똑하다, 잘생겼다

2) 사람, 만나다

가	한국어가 어렵다 한국어를 잘하다
나	예쁘다, 성격이 좋다

3) 사람, 만나다

가	맛집에 가는 것이 취미이다 먹는 것을 좋아하다
나	키가 크다, 운동을 잘하다

4) 집, 살다

가	조용한 것을 좋아하다 조용하다
나	깨끗하다, 학교에서 가깝다

5) 집, 살다

가	지금 집이 비싸다 싸다
나	넓다, 밝다

이제 해 봐요 现在试一试

들어요

1 다음은 좋아하는 것에 대한 대화입니다. 잘 듣고 질문에 답해 보세요. (053)
以下是关于喜欢的事物的对话。请认真听，然后回答问题。

1) 들은 내용과 같으면 ○, 다르면 ✕에 표시하세요.
与听到的内容一致时用 ○，不同时用 ✕ 表示。

① 남자는 더운 날씨를 싫어해요. ○ ✕

② 두 사람은 남자가 아는 식당에 갈 거예요. ○ ✕

2) 두 사람이 이야기하고 있는 식당은 어떤 곳이에요?
两人谈论的餐厅是个什么样的地方?

읽어요

1 다음은 좋아하는 장소에 대해 쓴 글입니다. 잘 읽고 질문에 답해 보세요.
以下是一篇关于喜欢的场所的短文。请仔细阅读，然后回答问题。

여러분은 어떤 곳에 자주 가요? 저는 학교 근처에 있는 KU카페에 자주 가요. 거기에는 공부하는 사람, 친구하고 이야기하는 사람, 영화를 보는 사람도 있어요. 카페에 사람이 많지만 조용해요. 그리고 편한 의자하고 맛있는 커피가 있어요. 학교 근처에 카페가 많지만 저는 조용한 이 카페가 좋아요.

1) 이 사람이 자주 가는 곳은 어디예요?
这个人经常去的地方是哪里?

2) 왜 그곳에 자주 가요?
为什么常去那里?

말해요

1 여러분의 친구들은 어떤 것을 좋아할까요? 친구들하고 이야기해 보세요.
你的朋友们会喜欢什么？跟朋友们聊一聊。

1) 어느 쪽이 좋아요? 좋아하는 것에 ✔표 하세요.
你喜欢哪边呢？在喜欢的项目上面划 ✔。

장소	☐ 어둡다	☐ 밝다
	☐ 조용하다	☐ 시끄럽다
	☐ 사람이 많다	☐ 사람이 적다
	☐ 집에서 가깝다	☐ 집에서 멀다
	☐	☐

날씨	☐ 비가 오다	☐ 눈이 오다
	☐ 덥다	☐ 춥다
	☐ 맑다	☐ 흐리다
	☐	☐

사람	☐ 키가 크다	☐ 키가 작다
	☐ 책을 많이 읽다	☐ 운동을 자주 하다
	☐ 말이 없다	☐ 말이 많다
	☐ 머리가 길다	☐ 머리가 짧다
	☐	☐

2) ✔표 한 것을 바탕으로 친구하고 이야기하세요.
根据划 ✔ 的内容跟朋友聊一聊。

써요

1 여러분이 좋아하는 것에 대해 글을 써 보세요.

围绕你喜欢的事物写一篇短文。

1) 여러분은 어떤 사람을 좋아해요? 어떤 날씨, 음식을 좋아해요? 그리고 뭐 하는 것을 좋아해요? 메모하세요.
   你喜欢什么样的人？喜欢什么样的天气和食物？喜欢做什么？请记下来。

2) 메모한 내용을 바탕으로 글을 쓰세요.
   请以记录的内容为基础写一篇短文。

발음 소리 내어 읽기 1 出声朗读 1

- 다음을 읽어 보세요. 시간이 얼마나 걸렸어요? (054)
  请读出下列内容。花了多长时间?

1) 저는 게임을 아주 좋아해요. 컴퓨터로도 하고 휴대폰으로도 게임을 자주 해요. 혼자 할 때도 있지만 친구하고 같이 할 때가 더 많아요. 고향에서도 많이 했지만 한국에 와서 더 자주 하는 것 같아요. 한국은 인터넷이 잘되어 있어서 게임을 할 때 더 편해요.

2) 제가 좋아하는 사람은 목소리가 좋은 사람이에요. 얼굴이 조금 못생겨도 괜찮고, 키가 작아도 괜찮아요. 목소리가 좋으면 다 멋있어 보여요. 목소리가 좋은 사람이 노래도 잘 부르면 더욱 멋있지요. 여러분 주위에 목소리가 좋은 사람이 있으면 저에게 소개해 주세요.

- 다시 읽어 보세요. 이번에는 틀리지 말고 정확히 읽어 보세요.
  请再读一次，这次不要读错，准确地读出来。

- 다시 읽어 보세요. 이번에는 30초 안에 읽어 보세요.
  请再读一次，这次请在30秒内读完。

자기 평가
自我评价

이번 과 공부는 어땠어요? 별점을 매겨 보세요!
这一课学习得如何? 请用星星打个分!

좋아하는 것에 대해 묻고 답할 수 있어요?	☆☆☆☆☆

정답

1과 자기소개

들어요

1) **지금**: 어학원에서 한국어를 공부하고 있어요.
   앞으로: 한국어 선생님이 되고 싶어 해요.
2) ②

읽어요

1) 회사원이에요.
2) 2년 전에 독일 대학에서 한국어를 배웠어요.
3) 독일에 가려고 해요.

2과 위치

들어요

1) 현금인출기
2) ① ✕ ② ◯

읽어요

1) 학교 정문으로 들어가서 오른쪽에 있어요.
2) ① ✕ ② ◯

3과 여가 생활

들어요

1) ④
2) ① ✕ ② ✕

읽어요

1) 피아노를 치는 것이에요.
2) ① ◯ ② ✕

4과 건강

들어요

1) ②
2) 학교에 가면 안 돼요. 집에서 쉬세요.

읽어요

1) ②, ③
2) ① ◯ ② ✕

5과 좋아하는 것

들어요

1) ① ◯ ② ✕
2) 냉면이 맛있는 식당이에요. 가까워요.

읽어요

1) KU카페
2) 조용하고, 편한 의자하고 맛있는 커피가 있어서 자주 가요.

듣기 지문

1과 자기소개

011 생각해 봐요

정세진 안녕하세요. 저는 정세진이에요.
강용재 저는 강용재라고 해요. 세진 씨는 무슨 일을 해요?
정세진 저는 한국어 선생님이에요.

012 한 번 더 연습해요

슬기 무슨 일을 해요?
다니엘 지금 회사에 다녀요. 슬기 씨는 대학생이에요?
슬기 네, 지금 4학년이에요. 내년에 미국으로 유학을 가려고 해요.

013 이제 해 봐요

남 안녕하세요? 저는 서하준이에요. 고려대학교 학생이에요.
여 안녕하세요? 저는 하시모토 리나라고 해요. 지금 어학원에서 한국어를 공부하고 있어요.
남 리나 씨는 대학을 졸업했어요?
여 네, 졸업했어요. 하준 씨는 몇 학년이에요?
남 지금 3학년이에요. 졸업 후에는 대학원에 들어가려고 해요. 리나 씨는 한국어 공부를 마친 후에 뭘 할 거예요?
여 한국어 선생님이 되고 싶어요.

2과 위치

021 생각해 봐요

카밀라 화장실이 어디에 있어요?
안내 저기 카페 옆에 있어요.

022 한 번 더 연습해요

카밀라 정수기가 어디에 있어요?
경비원 사무실 옆에 있어요.
카밀라 사무실은 어디에 있어요?
경비원 2층으로 올라가서 오른쪽으로 가면 돼요.

023 이제 해 봐요

여 저기요, 여기에 현금인출기가 있어요?
경비원 아니요, 여기에는 현금인출기가 없어요. 근처에 은행이 있어요.
여 아, 근처에요?
경비원 네, 밖으로 나가서 오른쪽으로 가면 돼요.
여 감사합니다.

3과 여가 생활

031 생각해 봐요

하준 두엔 씨는 휴일에 보통 뭐 해요?
두엔 저는 집에서 드라마를 봐요. 하준 씨는 뭐 해요?
하준 저는 친구들하고 농구를 해요.

032 한 번 더 연습해요

나쓰미 무함마드 씨는 시간이 있을 때 보통 뭐 해요?
무함마드 저는 친구들하고 노래방에 자주 가요.
나쓰미 노래하는 것을 좋아해요?
무함마드 네, 좋아해요. 나쓰미 씨는 수업이 끝난 후에 보통 뭐 해요?
나쓰미 저는 집에 있는 것을 좋아해요. 그래서 집에서 책도 읽고 드라마도 봐요.

033 이제 해 봐요

남 흐엉 씨는 시간이 있을 때 보통 뭐 해요?

여 저는 자전거 타는 것을 좋아해서 자주 한강에 가요. 알리 씨도 자전거를 자주 타요?

남 아니요. 저는 밖에 나가는 것을 싫어해서 그냥 집에 있어요.

여 그래요? 그러면 집에서는 뭐 해요?

남 그냥 운동경기도 보고 가끔 요리도 해요.

여 요리도 해요? 저는 음식을 만드는 게 어려워서 그냥 식당에서 먹는데.

남 저도 처음에는 그랬어요. 그런데 지금은 요리하는 것이 재미있어요.

여 그래요? 다음에 알리 씨 요리를 먹어 보고 싶어요.

4과 건강

041 생각해 봐요

웨이 나쓰미 씨, 어디 아파요?

나쓰미 네, 감기에 걸렸어요.

042 한 번 더 연습해요

지아 웨이 씨, 어디 아파요? 얼굴이 안 좋아요.

웨이 감기에 걸려서 몸이 좀 안 좋아요. 먼저 집에 가도 돼요?

지아 많이 힘들면 먼저 가도 돼요.

043 이제 해 봐요

남학생 여보세요. 선생님, 저 고트라예요.

선생님 아, 고트라 씨. 오늘 학교에 왜 안 왔어요?

남학생 제가 어제 허리를 조금 다쳤어요.

선생님 어머, 괜찮아요? 많이 다쳤어요?

남학생 많이 안 다쳤어요. 어제 병원에 갔다 왔어요. 그런데 의사 선생님이 "학교에 가면 안 돼요. 집에서 쉬세요." 말했어요. 그래서 학교에 안 갔어요.

선생님 그랬어요? 그럼 집에서 잘 쉬세요.

남학생 네, 선생님. 안녕히 계세요.

5과 좋아하는 것

051 생각해 봐요

카밀라 나쓰미 씨, 저쪽에 앉을래요?

나쓰미 여기는 사람이 너무 많아서 싫어요. 다른 곳으로 가요.

052 한 번 더 연습해요

하준 카밀라 씨는 어떤 사람을 만나고 싶어요?

카밀라 저는 재미있고 착한 사람을 만나고 싶어요. 하준 씨는요?

하준 저는 게임하는 것을 좋아해요. 그래서 게임을 좋아하는 사람을 만나고 싶어요.

053 이제 해 봐요

여 앤디 씨, 날씨가 덥지요?

남 네, 정말 더워요. 저는 추운 건 괜찮지만 더운 건 정말 싫어요. 슬기 씨는 어때요?

여 저도 더운 건 안 좋아해요. 그러면 우리 냉면 먹으러 갈래요? 제가 냉면이 맛있는 식당을 알아요.

남 냉면 좋아요. 그런데 그 식당 여기에서 가까워요?

여 네, 가까워요. 여기 근처예요.

남 빨리 가요.

발음

1과 격음화

014
1) 가 안녕하세요? 저는 박하나예요.
2) 가 언제 대학에 입학했어요?
나 올해 입학했어요.

015
1) 날씨도 좋고 기분도 좋다.
2) 떡하고 밥하고 라면을 먹었어요.
3) 깨끗하고 하얗게 해 주세요.
4) 백화점에 가려고 6호선을 탔어요.
5) 졸업하면 바로 취직할 거예요.
6) 수업 후에 뭐 할 거예요?

5과 소리 내어 읽기 1

054

1) 저는 게임을 아주 좋아해요. 컴퓨터로도 하고 휴대폰으로도 게임을 자주 해요. 혼자 할 때도 있지만 친구하고 같이 할 때가 더 많아요. 고향에서도 많이 했지만 한국에 와서 더 자주 하는 것 같아요. 한국은 인터넷이 잘되어 있어서 게임을 할 때 더 편해요.

2) 제가 좋아하는 사람은 목소리가 좋은 사람이에요. 얼굴이 조금 못생겨도 괜찮고, 키가 작아도 괜찮아요. 목소리가 좋으면 다 멋있어 보여요. 목소리가 좋은 사람이 노래도 잘 부르면 더욱 멋있지요. 여러분 주위에 목소리가 좋은 사람이 있으면 저에게 소개해 주세요.

듣기 지문

어휘 찾아보기 (단원별)

1과

• **직업**

작가, 화가, 번역가, 통역가, 공무원, 관광 가이드, 기자, 승무원, 한국어를 가르치다, 회사에 다니다, 옷 가게를 하다

• **신상**

유치원, 유치원생, 초등학교, 초등학생, 중학교, 중학생, 고등학교, 고등학생, 대학(교), 대학생, 대학원, 대학원생, 대학교 3학년, 고등학교에 입학하다, 대학교를 졸업하다, 2급을 수료하다, 3급에 올라가다, 유학 중이다, 학교를 그만두다, 취직을 준비하다, 취직하다, 퇴직하다

• **새 단어**

한국어, 영어, 중국어, 일본어, 스페인어, 외국어, 여행사, 학원, 받다(전화를), 영상 통화, 바로, 먼저, 마치다, 이사하다, 근처

2과

• **위치**

위, 아래, 앞, 뒤, 옆, 오른쪽, 왼쪽, 안, 밖

• **시설**

정수기, 자동판매기(자판기), 현금인출기(ATM), 엘리베이터, 에스컬레이터, 계단, 정문, 주차장

• **이동**

위로 올라가다, 아래로 내려가다, 안으로 들어가다, 밖으로 나가다, 저쪽으로 돌아가다, 똑바로 가다

• **새 단어**

문, 창문, 층, 지하, 남자, 여자, 물어보다, 앉다, 서다, 눕다, 소파, PC방(피시방), 노래방, 버스를 타다, 택시, 지하철, 다

3과

• **여가 활동**

드라마를 보다, 운동 경기를 보다, 게임을 하다, 스마트폰을 하다, 요가를 하다, 농구를 하다, 배드민턴을 치다, 헬스장에 가다, 산책을 하다, 자전거를 타다, 악기를 배우다, 기타를 치다, 피아노를 치다, 춤을 추다, 춤을 연습하다, 노래를 부르다

• **빈도**

자주, 가끔, 거의 안, 전혀 안

• **새 단어**

같이, 요즘, 그런데, 어리다, 사전, 팝콘, 별로, 생각보다, 소리

4과

• **몸**

얼굴, 눈, 코, 입, 이, 귀, 머리, 목, 어깨, 가슴, 배, 등, 허리, 엉덩이, 팔, 손, 손가락, 다리, 무릎, 발목, 발

• **건강**

열이 나다, 기침을 하다, 콧물이 나다, 감기에 걸리다, 배탈이 나다, 다리를 다치다, 머리가 아프다, 알레르기가 심하다, 생리통이 심하다, 얼굴에 뭐가 나다, 잠을 못 자다, 몸이 안 좋다, 피곤하다, 괜찮다, 건강하다/좋다, 낫다

• **새 단어**

잘, 더, 약, 시험, 배고프다, 쓰다, 술

5 과

• 특징 1

체격이 크다, 체격이 작다, 키가 크다, 키가 작다, 뚱뚱하다, 보통이다, 날씬하다, 마르다, 어깨가 넓다, 어깨가 좁다, 손가락이 굵다, 손가락이 가늘다, 머리가 길다, 머리가 짧다, 귀엽다, 멋있다, 예쁘다, 잘생기다, 못생기다, 똑똑하다, 착하다, 성격이 좋다, 성격이 안 좋다, 이상하다

• 특징 2

가깝다, 멀다, 넓다, 좁다, 밝다, 어둡다, 깨끗하다, 더럽다, 조용하다, 시끄럽다, 편하다, 불편하다, 가볍다, 무겁다, 뜨겁다, 차갑다

• 새 단어

다른, 노트북, 기숙사, 찾다, 꼭, 같다, 마음에 들다

어휘 찾아보기 (가나다순)

ㅋ

ㅌ

ㅍ

ㅎ

문법 찾아보기

1과

-고 있다

- 어떤 동작이 진행됨을 나타낸다.
  表示某种动作正在进行。

동사	받침 ㅇ	-고 있다	듣다 → 듣고 있다
	받침 × ㄹ받침		보다 → 보고 있다 살다 → 살고 있다

가　다니엘 씨는 지금 뭐 해요?
나　도서관에서 공부를 하고 있어요.

-(으)ㄴ 후에

- 앞의 일이 끝난 다음에를 나타낸다.
  表示前面事情完成之后。

동사	받침 ㅇ	-은 후에	읽다 → 읽은 후에 듣다 → 들은 후에
	받침 × ㄹ받침	-ㄴ 후에	끝나다 → 끝난 후에 만들다 → 만든 후에

가　언제 여행을 가요?
나　이번 학기가 끝난 후에 갈 거예요.

-(으)려고 하다

- 어떤 일을 할 생각이나 계획이 있음을 나타낸다.
  表示有想法或计划做某事。

동사	받침 ㅇ	-으려고 하다	읽다 → 읽으려고 하다
	받침 × ㄹ받침	-려고 하다	보다 → 보려고 하다 만들다 → 만들려고 하다

가　대학교를 졸업한 후에 뭐 할 거예요?
나　한국에서 취직하려고 해요.

- 과거에 할 생각이 있었거나 계획했던 일에도 사용한다.
  也可以表示过去有想法或计划做某事。

가　방학에 뭐 했어요?
나　고향에 가려고 했어요. 그렇지만 일이 많아서 못 갔어요.

2과

에 있다

- 사람이나 물건이 어디에 위치하는지를 나타낸다.
  表示某一事物或某人所在的位置。

가　알리 씨가 어디에 있어요?
나　저기 문 앞에 있어요.

-아서/어서/여서

- 동작이 밀접한 관계를 가지고 순차적으로 일어남을 나타낸다.
  表示动作之间有密切的联系并且逐一发生。

동사	ㅏ, ㅗ ㅇ	-아서	가다 → 가서
	ㅏ, ㅗ ×	-어서	만들다 → 만들어서
	하다	-여서	시작하다 → 시작해서

가　어제 뭐 했어요?
나　친구 집에 가서 놀았어요.

가　이 가방 지아 씨가 만들었어요?
나　아니요, 우리 언니가 만들어서 줬어요.

- '에 가서', '을/를 만나서', '을/를 사서', '을/를 만들어서', '에 앉아서/서서/누워서'와 같은 형태로 자주 사용한다.
  常以 '에 가서'、'을/를 만나서'、'을/를 사서'、'을/를 만들어서'、'에 앉아서/서서/누워서' 等形式使用。

가 여기에 앉아서 이야기할래요?
나 네, 좋아요.

-(으)면 되다

- 어떤 결과를 충족하는 수준임을 나타낸다.
  表示达到了能满足某种结果的水平。

동사	받침 O	-으면 되다	읽다 → 읽으면 되다
	받침 × ㄹ받침	-면 되다	쓰다 → 쓰면 되다 만들다 → 만들면 되다

가 사무실에 어떻게 가요?
나 저기에서 엘리베이터를 타면 돼요.

가 다 샀어요?
나 과일만 사면 돼요.

3과

-(으)러 가다

- 앞의 행동을 하기 위해 이동함을 나타낸다.
  表示为进行前面的行动而移动。

동사	받침 O	-으러 가다	먹다 → 먹으러 가다
	받침 × ㄹ받침	-러 가다	보다 → 보러 가다 놀다 → 놀러 가다

- '-(으)러 가다/오다/다니다'의 형태로 사용한다.
  常以 '-(으)러 가다/오다/다니다' 的形式使用。

가 어디 가요?
나 시험이 끝나서 홍대에 놀러 가요.

-(으)ㄹ 때

- 어떤 동작이나 상태가 진행되는 순간이나 진행되는 동안을 나타낸다.
  表示某种动作或状态进行的瞬间或持续的期间。

동사 형용사	받침 O	-을 때	좋다 → 좋을 때
	받침 × ㄹ받침	-ㄹ 때	보다 → 볼 때 힘들다 → 힘들 때

가 학교에 갈 때 뭐 타고 가요?
나 버스를 타고 가요.

- 앞의 동작이나 상태가 이미 완료되었을 때는 '-았을/었을/였을 때'를 사용한다.
  表示前面的动作或状态已经结束时使用 '-았을/었을/였을 때'。

가 다니엘 씨도 같이 영화를 봤어요?
나 아니요, 다니엘 씨는 영화가 다 끝났을 때 왔어요.

-는 것

- 동사 어간에 붙어 동사를 명사처럼 사용할 수 있게 한다.
  附加于动词词干，从而使动词可以像名词一样使用。

동사	받침 O	-는 것	먹다 → 먹는 것
	받침 × ㄹ받침		보다 → 보는 것 만들다 → 만드는 것

가 악기 배우는 것을 좋아해요?
나 네. 그래서 어릴 때부터 여러 악기를 배웠어요.

4과

-(으)면

- 뒤의 내용에 대한 조건이나 가정을 나타낸다.
  表示对后面内容的条件或假设。

	받침 ○	-으면	먹다 → 먹으면
동사 형용사	받침 × ㄹ받침	-면	아프다 → 아프면 만들다 → 만들면

가 배가 고프면 밥 먹으러 갈래요?
나 네, 좋아요.

가 돈이 많으면 뭘 하고 싶어요?
나 돈이 많으면 세계 여행을 하고 싶어요.

-아도/어도/여도 되다

- 행동의 허락이나 허용을 나타낸다.
  表示寻求对某行动的许可或允许某行动。

동사	ㅏ, ㅗ ○	-아도 되다	앉다 → 앉아도 되다
	ㅏ, ㅗ ×	-어도 되다	쉬다 → 쉬어도 되다
	하다	-여도 되다	하다 → 해도 되다

가 지금 선생님한테 전화해도 돼요?
나 너무 늦었어요. 내일 아침에 하세요.

- '되다' 대신에 '좋다', '괜찮다'를 사용하기도 한다.
  除'되다'外，还可以使用'좋다'，'괜찮다'。

가 여기에 앉아도 괜찮아요?
나 네, 앉으세요.

-(으)면 안 되다

- 행동을 금지하거나 제한함을 나타낸다.
  表示禁止或限制某行动。

동사	받침 ○	-으면 안 되다	먹다 → 먹으면 안 되다
	받침 × ㄹ받침	-면 안 되다	들어가다 → 들어가면 안 되다 만들다 → 만들면 안 되다

가 지금 교실에 들어가도 돼요?
나 지금 들어가면 안 돼요. 수업이 안 끝났어요.

가 이 약은 하루에 하나만 드세요. 많이 먹으면 안 돼요.
나 네, 알겠어요.

5과

-지만

- 앞의 내용이 뒤의 내용과 반대됨을 나타낸다.
  表示前后内容相反。

동사 형용사	받침 ○	-지만	좋다 → 좋지만
	받침 × ㄹ받침		바쁘다 → 바쁘지만 살다 → 살지만

- 과거의 내용이 앞에 올 때는 '-았지만/었지만/였지만'을 사용한다.
  前面的内容若是过去，则使用'-았지만/었지만/였지만'。

가 약을 먹었지만 지금도 머리가 아파요.
나 그러면 집에 가서 쉬세요.

-(으)면 좋겠다

- 바람이나 기대를 나타낸다.
  表示说话者的希望或期待。

동사 형용사	받침 ○	-으면 좋겠다	먹다 → 먹으면 좋겠다
	받침 × ㄹ받침	-면 좋겠다	크다 → 크면 좋겠다 만들다 → 만들면 좋겠다

가 저는 한국어를 잘하면 좋겠어요.
나 그러면 한국 친구를 많이 사귀세요.

- '-았으면/었으면/였으면 좋겠다'를 사용하기도 한다.
  也可以使用'-았으면/었으면/였으면 좋겠다'。
- 다른 사람, 사물, 상태 등에 대한 바람이나 기대도 이야기할 수 있다.
  也可以表示对别人，别的事物，别的状态的希望或者期待。

저는 다니엘 씨가 저한테 자주 전화하면 좋겠어요.

이번 겨울에 눈이 많이 오면 좋겠어요.

-는/(으)ㄴ

- 뒤에 오는 명사를 수식한다. 그 동작이나 상태가 현재임을 나타낸다.
  修饰后面的名词。表示该动作或状态处于现在。

동사 있다, 없다	받침 ○	-는	읽다 → 읽는 재미있다 → 재미있는
	받침 × ㄹ받침		보다 → 보는 살다 → 사는

형용사	받침 ○	-은	많다 → 많은
	받침 × ㄹ받침	-ㄴ	크다 → 큰 멀다 → 먼

가 지금 읽는 책은 제목이 뭐예요?
나 '한국어 산책'이에요.

가 어떤 사람이 좋아요?
나 저는 운동을 잘하는 사람이 좋아요.

MEMO

고려대 한국어 2A

中文版

초판 발행	2019년 8월 12일
2판 발행	2021년 6월 10일
2판 2쇄	2025년 3월 25일
지은이	고려대학교 한국어센터
펴낸곳	고려대학교출판문화원 www.kupress.com kupress@korea.ac.kr 02841 서울특별시 성북구 안암로 145 Tel 02-3290-4230, 4232 Fax 02-923-6311
유통	한글파크 www.sisabooks.com / hangeul book_korean@sisadream.com 03017 서울시 종로구 자하문로 300 시사빌딩 Tel 1588-1582 Fax 0502-989-9592
일러스트	최주석, 황주리
편집디자인	한글파크
찍은곳	(주)대한프린테크
ISBN	979-11-90205-00-9 (세트) 979-11-90205-75-7 04710

값 17,000원

※ 잘못 만들어진 책은 바꿔 드립니다.